おれに聞くの?

異端文学者による
人生相談

山下澄人
Sumito Yamashita

平凡社

おれに聞くの？

異端文学者による人生相談

装丁・本文デザイン　岩瀬　聡
装画・本文イラスト　霜田あゆ美

まえがき

この本は閲覧者からの投げかけによってできている。投げかけは「質問」という形を取り、それに対するわたしの反応はそれへ「こたえる」という形になっている。誰かがそれを「人生相談」と呼んだから「これは何だ？　の説明にわかりやすい」と本のサブタイトルにそう書いてある。わかりやすく、と出版社が考えるのは当然だ。本は商品だ。読みづらいと地味に評判の人間が書いたのだ、タイトルぐらいわかりやすくしたい。ただわたしは人生相談などというつもりはまったくなかったし、今もない。「どう思いますか？」と聞かれて「こう思う」といっただけだ。人生とやらのまだ途中であるわたしに他人の「人生」の相談に乗れるはずがない。

だいたい「人生」という言葉が生きた人間のどこの何を指すのかわたしはわかっていない。というかわたしは「人生」というのは死んだものの言葉だと思っている。

サイトでこれは公開されている。当初は確か「外資就活相談室」というようなタイトルだったように思う。外資系、就職、相談。外資系どころか就職すらしたことのないわたしにこの依頼が来たとき、あまりにも無茶だと依頼者に問い合わせたら依頼者は「かまいません。むしろだからこそお願いしています」というようなことをいった。どういうことだろう。わたしに就職の相談なんかやれるはずがない。だってわたしは一度も就職したことがないんだから！　お前に何がわかる！　しかし何でも腑に落とすのもつまらない。もしかしたらそこらの猫にでも聞くように相談者は尋ねるのかもしれない。だから引き受けた。

わたしに投げかけてきた人たちの何もわたしは知らない。どこで生きていて今も生きているのか、書かれたことしか知らない。しかし知らないからこそ知っているともいえる。超断片だけ見て膨らむ想像は「知り合い、よく知る」に逆行するからこそ、何かしらを鮮明に浮かび上がらせる、ときもある。もちろん激しく思い違いをするときもある。それはそれで新鮮でいいじゃないかという思いもある。わたしは断片だけで、誰かに恐ろしく誤解されるのをあまり嫌だとは思わないふしがある。後々うんざりするのだけど、断片だけで判断され、深掘りされることなく誤解され、思い違いをされるのは、人間の社会に生きる醍醐味、とまでは言わないが、彩りだ、ぐらいには思っている。

わたしは小説を書いて暮らしている。「これは小説です」といえるのはわたしは気が楽だ。小説は「これは全部嘘だ」といいながら「しかし全部ほんとうだ」といいたいときにいえる。もちろん小説は本当だの嘘だのの外にあると思っている。わたしは記憶のすべてがいつもあやふやで、そこについてとてもいい加減だから、それは本当か？　それは嘘じゃないか？　といわれるのが昔から大嫌いだ。わたしには本当なんだから嘘なら嘘でいいじゃないか。「裁判でそれを言うのか、社会ではそんなものは通用しないのだ」と言われれば「その通りだ。だから小説を書いて細々と暮らしているのだ」と言い返してきた。小説じゃないものはそこが違う。ここに（そこに）「わたし」と書かれていればそれは「山下澄人」のことだとおそらく読者は考える。書かれていることはすべて「本当」とされる。檻に閉じ込められたようで大変窮屈だし読者の素朴に不安になる。けど仕方がない。引き受けたのはわたしだ。嫌なら断ればよかった。

この本は半分はわたしが書いたがもう半分は「質問」した人たちが書いた。この本はその人たちとわたしの共同作業だ。そこへ読者も加わり、書かれたものらは完結する、というよりは、はじまる。しかし文句はわたしだけに来る。依頼を引き受けた上に本にまでしようとした報いだ。

気を楽に読んでいただければと思います。小難しい言葉は知らないから使っていません。

おれに聞くの?

異端文学者による人生相談

目次

1 生きること

2 書くこと

3 関わること

1

生きること

やりたい仕事と違うことをしなければならない

Q――現在の会社に勤めて十五年になります。
これまではやりたいと思ってきた仕事の部署でしたが異動を内示されました。
異動先ではマネージャーをと言われていますが、
仕事の内容はやりたいと思えるものではなく悩んでいます。
今の仕事をやりたいと思ってこの会社に入ったのに、
まったく違う仕事をしなければならないことをどう折り合いをつければいいでしょうか。
これは会社員ならば往々にしてあることだと思いますが、
好きなことを仕事にされている作家の山下さんのご意見を聞きたいと思いました。
よろしくお願いいたします。

A

もっともらしい話はどれも悲観的で「人類は滅ぶ」という話になりがちなのと同じで、嫌な仕事でも、嫌な仕事だからこそ、そもそも仕事というのは嫌なものなのだ甘えたことを言ってんじゃねえ的な考えがあります。そこからはみ出るものは破滅する、露頭に迷う、この生きるか死ぬかの世界の中で生きていけない、ゆえに死ぬ、というのです。しかしあれは「嘘」です。システムが生み出した壮大なる物語です。実際は何がどうなってそうなるのかどうにかなるものです。どうどうにかなるのだ！　とまっとう論者には論破されてしまいますがどれだけ正論を振りかざされても「わかりませんがなぜかどうにかなる」とわたしはいいます。人間という宇宙をなめてはいけない。なので嫌ならやめていいと思います。やめてから「さてどうするかな」と考えたらいいんです。わたしたちにはどうにもすることができないものだらけです世界は。いつ隕石が落ちてくるかわからないし、突然地震が来て地面が割れるかもしれない。しかしそれ以外のカードはあなたが握っているのです。だめになるまでだめにはならない。死ぬまで死なないということです。楽しく生きてください。

人間が生きる意味とは

Q——人間が生きる意味って実際に存在するのでしょうか。
私自身はまだ二十歳で、反出生主義や自殺願望を抱いているわけではありませんが、今後生きる上でその意味が見つかるような気もしません。もし生きる意味がなくても、生まれたからには生きることは義務的なものかもしれないと最近考えています。いろいろな分野の方のお話をお聞きしたいです。

A

どんなタイトルだったかどれに載っていたか忘れましたがカフカの短編に橋の独白がありました。橋です川にかかる。あれが独白する。最後はもうだめだとかいって崖から両サイドから「手」を確か離す。そんな小説ねえよといわれたらごめんなさい。そういう話ですよねこういう話は。物心ついたら「橋」で、誰かに渡られるだけの人生、ならぬ橋生。意味があるのか、という。あるような気もするしないような気もする。ないとしか思えないし、あるとは思えない。とかいっているうちに歳を取り、死が近くなり慌てる。生きている特権ですよ。元気の特権。死が目前となり慌てて「元気」が光り輝き見えるときまで考えてみてください。わたしもそうします。

個性とはどのようなものですか

Q——何かを生み出す仕事において
生み手の個性というのはとても大切なものなのではと感じています。
その前提が成り立つ場合のご質問になってしまいますが、
例えば山下さんの作家業においてそのオリジナリティは
他者との差別化を狙って設計されたものなのでしょうか。
あるいは個性とはあくまで結果であって、個性のある方が生き残っていく
だけなのでしょうか。単純な好奇心でしかないのですがお考えを教えてください。

A——いきなり前提をぶち壊してしまいますがわたしは「個性」などというものを信用していません。どれもたいして違いがない。あるのは「好み」です。なので差別化やオリジナリティなどという浅ましいことを考えることがない。好きにやっているだけです。ただ好きにやる場合重要なのは他人の評価をあてにしないということです。わたしは自分もあてにしませんが他人もあてにしていない。お前の好みに合わせる気はないということです。好きにやれ、好きにやる、という感じです。

誰かの経験を実感を持って手に入れる方法はありますか

Q——他人が手に入れた経験を実感を持って手に入れられる方法や可能性はあるのでしょうか？　昔から他人と脳を入れ替えられたらいいのに、と妄想することがあります。私の持っている価値観は、私にしか実感を持って捉えられず、他人にどれだけ言葉を尽くして説明しても不十分です。また、逆の立場で、相手の持っている価値観を私が実感を持って理解することはできないということが非常に残念に思います。人の価値観を実感を持って理解するには、視点を交換して、相手の人生を一瞬でも体感できればいいのではと思うに至りました。イタコに霊が憑依するように、私が他人に憑依して、その経験値を吸収するようなイメージです。

A

人間の想像力は基本的にそれを考えるために発達したように思います。何でもわかったつもりでいても隣で寝ている人の見ている夢さえわからない。それがわかりたくて、わかったつもりになりたくてコミュニケーションをとろうとするのですが、あれはわからないからやれる。むしろわかるのならやらない。もしわかってしまったらこれまで築き上げてきた人間の関係は根底から変化せざるを得ない。わかったところで変わらないというほど人間の脳は雑じゃない。わかることができればわかりさえすれば「私が他人に憑依《ひょうい》して、その経験値を吸収する」などとあくまでも「私」を主体に空想可能ですが、わかるとおそらく「私」は崩壊する。無意味になる。「私」は主体になれない。もちろんだからそうなればいいのになとわたしも夢想します。

幸せを感じるにはどうしたらいいですか

Q——大学生です。最近なんだかいつも物足りません。
思えば、昔から他人よりも感受性も低かったような気がします。
周りの大学生と比べても自分はかなり恵まれている方だと思います。
浪人させてくれたし、奨学金も借りてないし、一人暮らしだってさせてもらえてます。
なのに何だかとても寂しいです。「足るを知る」という言葉を知っていて、
このままでは幸せになれないだろうなとも思っています。
お金があるので何かを買っても楽しさを得ようと思っても楽しいのは
買う直前とその一日後くらいです。お金のない友達の方がよっぽど楽しそうに見えます。
質問です。幸せを感じるには、自分はこのままでいいんだと感じるには
どうしたら良いでしょうか?

A

お金があった方が楽しいに決まっているとお金のない人は考えます。お金に困っていないあなたは「お金のない友達の方がよっぽど楽しそうに見えます」としかしいう。だけど自分と違えば何だって良さそうに見えるというわけでもない。隣の畑でしたか芝生でしたか、

それは青くか赤くか見える、とかいうことわざがありますが、よく知りもしないくせに調べもしないで書きますが、人の持ち物のほうがよく見えるという意味ですよね。だけどひどい病でうんざりしている人を見てもたぶんそうは思わない。目が見えないとかだと「嫌なものを見なくて済んでいいな」とかぬかしそうですがそれはアレとして。いずれにしてもそこがまだ甘い。もっと長い時間生きて、渋みが増し、苦《にが》み走ってくると病で苦しむ人を見ても、見えて聞こえて二本の足が構造通り動いて動けて、話せて「ちのう」がある数字以上あるとされている人を「普通」とするくそみたいな世の中で「普通じゃない」とされてしまった人を見ても、「わたしより楽しそうだ」となる。うまくゆけば「そうか。ということは実はみんな楽しいのか」と気がつく。いわんや「わたしも」となる。そして「ああそうか今まで聞いてきたことは全部嘘か」となる。ブルーハーツの歌の歌詞に「見てきた物や聞いたこと　いままで覚えた全部　でたらめだったら面白い　そんな気持ち分かるでしょう」というのがあるけどあれ。気がつかない人ももちろんいます。それはもうばかに生まれて残念とあきらめてください。しかしそれはそれでそれなりにやっぱり楽しい。どうかなるべく長く生きてください。今の時点でそんなことわかっちゃってたら早死にする人の脳ですから（適当に書いている）、わかってなくてよかった。

一日を生きるときに何を意識していますか

Q——今日一日を生きるときに、何を意識して生きていますか。自分が触れたいもの、見たいもの、聞きたい音に意識を向けるのと、ただただ身の周りで起きていることを感じているのと、どちらに重心を置いていますか。

A わたしの時間を一日一日まとまりのよい、そうしようと思えばできる、できるはずだ、できないのはあなたの努力が足りない、といわれるもののすべてをわたしはいんちきだと考えています。宇宙をなめるなというかわたしも宇宙ですからわたしをなめるな。そんなハリボテ作業をできていると自信満々に満ち足りたやつとはわたしはなるべく話さない。「わたし」のすることとのコントロールは不可能です。わたしは「わたし」に起きていることを言葉にすることさえ成功しません。わたしは何もできない。混沌の中を混沌とした「わたし」が、もしかしたら形さえあやふやなそれが、「わたし」の決めたことではない、わたしは何一つ決めたことなんかありません、誰がというより宇宙の影響を受けた人間からたちあらわれる粘菌のようなルールを受け入れたり拒絶したりしながら、何が起きて何が起きていないのかもあいまいなままグニャグニャと死ぬまで生きている。なのでどこにも重心なんか置けないし、そもそも重心がない。適当ということです。

政治や環境問題に頭を悩ませるのは無意味ですか

Q——子どもを持つ予定がないため、将来の世の中がどうなったとしてもとくに影響がないのに、将来に影響を及ぼすような政治や環境問題や人権問題に頭を悩ませてしまいます。これは無駄なことでしょうか？考え続けるメリットってなんでしょうか。

A

メリットとデメリット。こうすればああなるがそうすればそうなる。これは嘘ですよ。どうすればどうなるのかなんて誰も知らないしわたしたちの芯は実はそんなふうに状況を判断したりしていない。みんながそういうから、国ごとがそういうからまさかと疑うのも面倒なだけでこの星と共に生まれてきたわたしたちはそんなふうに考えるようにはできていない。何となく、そうする。何となく。それで死なずに生きてきた。遠い先祖もそうして生きてきた。雨が降りそうだなと思った。川へ魚を獲りに行くのをやめた。流されずに済んだ。だからもたまたまもそこにはなく。子ができた。それがあなたの曽祖父のその二つくらい前。その連続。黒い肌をしていた頃から。からだ中に毛がついていた頃から。わたしたちは一つ残らず壮大だからすることのすべてが後の何かにつながっている。メリットだのデメリットだのというそんなセコい話ではない。まことしやかな嘘に騙されないでください。

写真を撮る意義はなんなのでしょうか

Q——カメラマンではなく私たちが日常において写真を撮る意義はなんなのでしょうか。

インスタグラムの @insta_repeat が示しているように、同じ場所や同じ構図で撮られる写真はたくさんあります。みんなと同じ写真を撮って投稿することになんの意義を感じているのか、考え始めると途方に暮れる時があります。

複数の文献をあたったところ、風景や感情を経験として残すため、であったり、自分がそこにいたことを証明する周囲からの承認欲求が、写真を撮る理由だと言う人がいました。

元々は光学的なところに始まり、芸術とともに高められていったカメラ、写真技術がSNSによってチープになっていっている気がしてなりません。ご意見いただけると幸いです。

A

スマホがあるからでしょう。その前の時代には写ルンですとかいうレンズ付きフィルム（今もあるらしい）やポラロイドカメラもありました。もっとさかのぼればそんなに高いものじゃない（安くもなかったけど）カメラもあった。でもそれはみんなが持っていたわけじゃなかった。意義とかというよりはそれらがあったから、あるから写真は撮られたし今も撮られる。文章もそうで手書きしかなかった時代に人はこれほど文章を書いたりはしなかった。手段が簡単になれば人間は書くし描くし撮るし鳴らす。そしてなぜか誰かに見せたくなるし聞かせたくなる。もちろんそこにも意義はない。でも人間は同時代の同じ村の人間が嫌いだから「うぜえな」となるのでしょうが五千年後の人々には大変興味深いはずです。見たくないですか。五千年前の、それもそこらの名もなき（わたしたちのような）人間の書いたり描いたり撮ったり鳴らしたりしたもの。しかし確かにうざい。猛烈な時代の速度にわたしたちは「わたし」がついていけずうろたえている。自分以外が高速で変化していくように見える。もう誰ともわかり合えないんじゃないかと別の星に来たように錯覚する。しかしその別の星すらない。だけどたぶんですが大なり小なりそれぞれがそうで、そう考えればわたしたちはばかで不憫《ふびん》です。いずれ迂闊《うかつ》に公開したそれらが大金持ちの商売の道具になるとも知らずに、知っていたとしてもそうする。そうしちゃう。かわいくないですか。腹立つけど。

社会に出るにあたって何をすべきですか

Q——社会に出るにあたって、今の自分が何をすべきか悩んでいます。調べるといろいろ出てきて、何から手を付けていいかわかりません。

そこで、専門家のみなさんが若いうちにしておいてよかったことを教えていただければ嬉しいです。

また、若いうちはどのようなことを心がけ行動していたかも知りたいです。

よろしく願いいたします。

A——たぶんこたえになりませんが、何もしてなかったと思います。「今」は「未来」の保険ではないし、つながりもしない。今が未来につながっているように見えるのはそうした「物語」をわたしたちが信じているからです。もしくはそれ以外の物語を知らないからです。あの大学を出たからこの会社に入れたという人は、あの大学を出なかった時を知らない。その会社に入らなかった時を知らない。その都度好きにすればいいのだとわたしは思います。運が良きゃ死なない。死んでなきゃもうその時点で運はいいのです。まずはこの世においては。

モチベーションを保つには

Q――一生懸命取り組んでいることにおいて「あの人には勝てない」と感じてしまった時に、どのようにモチベーションを下げずに、(できたら楽しく)継続させていますか?
インターネットの登場によって、何ごとも可視化されている気がしており、趣味や仕事において圧倒的な差を感じることがたびたびあります。

A

その「こと」というのがたとえば「子ども」だったりするとわりと誰でも努力して、他と比べたりするのでしょうが、しても「でもあの子はあの子。この子はこの子」とまったくその通りだと思える知恵というか、工夫をして、唯一無二に仕立て上げていくのだと思いますから、やれば出来るんじゃないでしょうか。優劣は「つけろ」と敵はあれこれ仕組みを考え発達させてきますから、都度都度ギアを変えて刷新するしかありませんが、屈服してしまうのも癪《しゃく》に障る。自分の前にあるはずの「細い道」を、どうぞよく目を凝らして、見失わないようにいてください。ただ勘違いしてはいけないのは「道などない」ということで、ないのにあるとするのが「道をゆく」ですので、取り違えると「ないじゃないか！」と、ひと騒動となり立て直すのに苦労します。なのでそこは気を確かに、道なき道こそ道なのだ、なのならそもそも道って何だ、道もくそも何もない荒野じゃないか！　と気がついたりして、「誰もいないね」とつぶやいたりして、そのことがおかしくて、モウダメダト思ッタリマダヤレルト思ッタリ、とかいって、絶望してみたり、ヨイショと立ち上がったりまた歩き出してみたり、しながら騙し騙し時間をアレしてください。いずれ死にます。

死にたくなったときに、もう少し生きようと思わせてくれる作品やエピソードを教えてください

Q——死にたくなったときに、もう少しだけ生きようかと思わせてくれるような作品とかエピソードとかあれば教えていただきたいです。

A

『死ぬのは法律違反です』という本があります。荒川修作という人の本です。もう少し生きてみようかどころか荒川修作は「死なないよ、死ねないんだよ」といった人です。大きな公園や住宅を作りました。どれにも名前に天命反転とついていて、住宅は見ただけですが床がボコボコで死にたいなぁと思っても床がボコボコなわけです。足を挫《くじ》いたりして泣きっ面に蜂みたいなことにもなりかねません。住宅はそうなっていないはずですが未完の構想に、

便所へ行くのにあれこれ障害物があって三十分かかるというようなものも考えていたそうです。年中尿意便意に注意しておかなければなりません。死にたくなるためにはまずは用便を済ませておく必要があります。小便が近かったり下痢したら大変です。体調に丁寧になるか便所の前に居場所を作るしかない。わたしはこれは大変な発明だと考えています。比喩でも元気づけでもなんでもなかった、死なない、をその無茶苦茶な宣言を、考えてみるのによい本です。読んでも何書いてあるのかわたしにはわかりませんが、いつも見えるところに置いてあります。

子どもをつくる、うむ、育てることについて

Q——子どもを育てたいけど、
この世に命をうみ出すのがこわいです。
山下さんは、子どもをつくる、うむ、
育てるということについて、どう思いますか。

A

わたしは女性じゃないから「うむ」に関してはわかりません。「うむ」がわからなければつくるも育てるも実はわからない。わたしが女ならわたしはやはりこわい。しかし「わたしが女なら」とわたしは考えることはできない。想像してみるがそれは想像してみるということで「想像できる」と勘違いするのは違う。わたしには子どもがいません。今のところはですが。というのもわたしはまだ生きていますから、生きた人間（わたし）のしでかすことはわたしには読めない。わたしはわたしがこれから何をするのかわからない。しかしその責任を取るのはわたしですもちろん。人間には本能がない。動物の本来は繁殖が目的のはずで、そこだけはおそろしいほどの精密さで本能としてセットされているはずなのにわたしたちにはそれがない。どうやれば子どもができるのか教えられなければ死ぬまでおそらく知らない。どう

してなのだろうと思いますがそうなのだから仕方がない。冗談じゃねえよと強く抗議したいところですが何に抗議していいのかわからない。わたしは質問者さんがおそらく女性だと思うのですが、わたしは男でこの違いはとてつもない。失言だとかのレベルではなく、だからやっぱり「わかる」を前提にするべきじゃない。わからないを尊重する、を実践するしかない。そうしようとする努力目標という寝言よりは厳重なる掟《おきて》にするしかないと思うのです。じゃないと人間はまたやる。アウシュヴィッツの経験を書いたヴィクトール・フランクルの『夜と霧』を読むと痛切にそう思います。

自己肯定感とはなんでしょうか

Q――幼い子どもが母親と一緒に歩いているのを見るとなんだか涙が出てきます。果たして自分は、当時の親が楽しみにしていたであろう未来を生きることができているのだろうかと考えてしまいます。もっと自己肯定感をあげて生きていきたいのになかなか難しいです。
そもそも自己肯定感って何なのでしょうか

A 肯定も否定もくそもない。あなたはあなたで完璧だしわたしはわたしで完璧なのです。いやしかし「わたし」は想定より遅れている（もしくは外れている）しあの者より劣る、かつて「わたし」の親が思い描いていたものとは違う、だとかいうのでしょうがわたしたちは比べようのないものです。それは考え方の違いとかいうものではなく厳然たる事実です。ましてや「かつて」の「他者（親）」の「気持ち」などというあるのかないのかわからないものとなど並ぶことも不可能だ。今流れた流れ星の速度とお茶が美味しいと思う「わたし」と気分はどちらが重たいかとでも聞く方がましだ。群れる生きものなので群れのためにそうした他との違いは群れの維持のために必要とされるのでしょうが、仕組みがわかればそのことで得をするやつがいるだけのことで、あなたやわたしには関係がない。あなたが何か群れの監視者ならまた別でしょうが。あなたのいう「わたし」はあなたが絶対唯一無比で、わたしがいう「わたし」はわたしが絶対唯一無比です。絶対唯一無比のあなたが絶対唯一無比のわたしに質問をしているわけです。星と星が話すようなものです。そんなところに自己肯定感などというちんけな言葉の入ってくる余白はない。

意志をもって何かを切り拓《ひら》くことができません

Q――何かをしよう、と決心しても、次の瞬間には
もうその決心は消えてなくなってしまいます。
彼女と結婚しよう、したいな、するか、と思っても次の瞬間には、
いや、このままでもいいかとなりそれで六年が経過しています。
人には断固とした意志をもって何かを切り拓くことが必要なんでしょうが
それが出来ないままぼんやりと日々を送ってしまいます。
山下さんはなんらかの強い意志を持って人生を切り拓く、
ということに関して何か意見をおもちでしょうか。

A

「意志が強い」と後ろ指さされる道なき道を行く人は道が見えないだけで、人のいうことをちゃんと聞けないだけともいえますが、何となく歩いてたら道から出ちゃってただけです。どこだろうここはとか思いながら戻らず進むといってもガシガシ邁進《まいしん》するというのではない。休憩が多い。しばらくそこらで暮らしたりもして。驚くべきことに連れ合いができたり子どももできたりして。戻れなくなって退屈してはじめて理屈をつける。死んだら止まる。

それはただアフリカ大陸から出たものの子孫としての正統派だというだけで意志の問題じゃない。わたしたちの祖先は意志でアフリカを出たんじゃない。何となく出た。出たというか出ちゃった。全部空想ですが。出てしばらく歩く、それを「勇気」というならそれだけは少しあった。ばかだともいえるけど「意志」なんて人間が理解できる物語で自分を縛るよりずっと楽しそうだ。そしてというか残念ながらというか誇るべきことに、わたしたちにはその血がある。好きに歩きましょう。

あらゆることに対して気力がありません

Q――私は今大学四年生です。就職先がまだ決まっていません。というかほとんどしていません。働きたくないわけではないのですが、やりたいことがまったくないのです。数年前に精神的に調子を崩してから、あらゆることに対する気力がなくなってしまいました。
このまま生きていて良いのだろうか、生きるとしてどうしたら良いのだろうかと考えてもなかなか解決策が思い浮かびません。
話がしっちゃかめっちゃかになってしまいましたが、
山下さんに聞いてもらいたくて書いてみました。

A

うちの猫はほぼ目が見えません。そのことにわたしが気づいたのは見えなくなってずいぶんしてからのようで、わたしの注意力も相当に雑ですが、猫自体が気になっていないから見落とした！　というのもあったように思います。他の猫を知りませんがここのはそこらがかなり雑な気がする。結果、長生き。結果早死、というのと同じなんですが厳密にいうと。わたしも猫もどこにも何にも働きかけてはいないですから。気にしないと気がつかないは違う。

気がつかないのは枠の外に出るんじゃなくて出ちゃうやつ。出てても気がつかないから内も外もない。たまに大変なことになりますがたまにです。気にしようと気がつかなかろうとたいして結果は変わらないならともかくこの雑な猫は長生きです。いいんだ短命で！　を引き出したいわけではないので誤解のないよう。解決策だとかいう名前の駅は光速で通過してください。あそこで降りると嘘ばっかり売られてろくなことがない。どうしていてもけっこう生きてしまうから（生きていけるから、とすると少しあれなのでそうは書きません）生きものはすごいんです。

ブルース・リーくらいすごい存在感の人はいますか

Q──ブルース・リーは山下さんにとって
特別な存在だと思いますが、
いま生きている人間でブルース・リーくらい
すごい存在感あるなって思える方っていますか？

A

それは今後誰があらわれても無理なんです。親鳥が変えられないように。しかしそれは不気味なことでもあります。機械的というか。あの鳥はわたしの親鳥だ、というそのどうしようもなさは。だからわたしにとっては質問の通りブルース・リーは特別なものですが（人ですが、とは書かないのです）その特別性を他の人に説明しようとは思いません。わたしの親であるところの特別性を聞かされることほど退屈なことはないし。ただの人間です。奇妙なことをした人間ですが奇妙はそんなに特別なことでもない。しかしわたしには特別だ。原動力ですらある。変なものです人間は。そんな人間にＡＩがおいつくはずがない。わたしたちにも人間がわからないのだから。わたしたちがＡＩに近づくのです。話は変わりますが「存在感」

って不思議な言葉ですよね。わたしは役者でしたからよくその言葉を耳にしましたが、あれはようするに何のことなんだろうと考えてました。そして何となく出たのが、あれはまわりが作る、でした。遊びで誰か一人適当に決めて、その人が動くと動くようにすると、とてもその人に存在感があるように見えて、実際どっしりとしてきておもしろかったです。

人生に昔ほどの熱狂がありません

Q――おいしいごはんを食べるとおいしいのですが、
若い頃はもっとおいしい！　ってなっていた気がします。
こういうことは生活のすべてにおいて起こっていて、映画を観ても、
小説を読んでも、セックスをしてても、仕事をしていても、旅行に行っても……
人生に昔ほどの熱狂がなくなっている自分がいます。
刺激を求めて、新しいことに挑戦したり、新しい場所に行ってみたり、
新しい人に会ったりはわりとする方なのですが、
それでもやっぱりどこかで「こんなもん」という感じがしてしまい、
たまに期待していたものを大きく超えることはあっても、
それが人生観を変えるほどのものにはなりません。
唯一「たのしい！」って思えているのは詩を書くことですが、
いつでもいつまでも書ける能力（心技体）がなく、
書けるときはたのしいという感じです。
また、詩を書くために生活を送っている節もあります。

大仰な言い方になってしまいましたが、
私がものすごい詩に熱を入れているというわけではなく、
すべてが意識的というわけでもないですが、
なんとなく日常のできごとのすべてを詩のネタになる！
って思って生きているというか。
むしろ、そのために日常を過ごしているというか。
感覚的には、ＳＮＳにオシャレな写真を投稿するために
生きている子たちと同じだと思います。
（コンテンツそのものを楽しむのではなく、自己顕示欲のために
コンテンツを利用している）皆さんの中に熱狂はまだありますか。
それはどんなことにあるんでしょうか。なくなったものもあるんでしょうか。
（例えをあげると、海原雄山は今もなお美味しいもの食べた時に
心の底から「おいしい！」って思って食べているのか？　ってことです）
ちなみに自分はいま三十五歳です。
長文かつくだらない質問で恐縮ですが、よろしくお願いいたします。

A

うちには年寄りの目の見えない猫がいるのですが、それを毎日眺めながら思うのですが、それは何というか、子猫のときよりかわいい。猫自体もかわいいけど、わたしの「かわいい」と感じるそれも子猫のときより、だから今より若かったわたしのものより強度がある。何しろわたしたちには積み重ねがある。あらゆる瞬間、が宇宙のようにある。そしてそれを誰かに理解されたいという気が少なくともわたしにはない。かわいい合戦に参戦する気がない。わたしには子どもはいないからわかりませんが、たとえばわたしに子どもがいて、わたしがたとえば百歳ぐらいで、子どももだから七十とか八十で、どちらも老人で、人から見たらただの老人二人ですが、そうなった時の子どもの「かわいさ」は、それはもう選ばれた人だけの持てる特別なものなのじゃないかと思うのです。だって二人でそんな長生きするのも運だし、ばかみたいに「子どもがかわいいのは小さいときだけだ」とかいう、そこらにいくらでも生えてるゴミみたいな物語に染まらずにそこまで行けたことも運だし。あなたは飽きてからが本番だということを知らないだけです。「はじめて物語」は誰でも知っています。みんなが知らないのは「飽きてから物語」です。というのもそれはもう誰も書かないから。書いて知らしめるだとかいうエグみがもう抜けているから書かないし、書く体力もない。話しても伝わらないから話さない。だから世界の秘密だとすらいえる。三十五なら、まだ後三十年はわからないだろうけど、書き続けられていたらどうか聞き飽きて読み飽きた「はじめて物語」を刷新してみてください。

分厚い本を読むのに背中を押してください

Q――『カラマーゾフの兄弟』とか『戦争と平和』みたいなロシア文学の大作を読んでみようみようと思っても、分厚さと存在感に気後れして、なかなか踏ん切りが付きません。背中を押してもらえるような一言をいただければと思っています。

A――世間はいつの頃からかとてもやさしくなりましたがそれはただ「波風を立てたくない」ということなのがじっと見ているとよくわかる。だけどそれにわたしたちは慣れてしまったからこの質問に「いちいち人に頼んでんじゃねえよ。本ぐらい自分のきっかけで読め」とか書くととてもきつく聞こえるし波風が立つ。まわりで聞いている人も「冷たい人だな」となる。だけどそのことがわたしたちの首をしめている。その程度をきつく感じてしまうわたしたちはしかし「自己責任」などというおそろしい言葉には慣れてしまった。どうでもいいことは手取り足取りやさしい笑顔で親切にしてくれるのにいちばん頼りたいことは「自分でやりな」と死に方さえ教えてもらえず放り出される。死に方は自殺の仕方じゃないです。「死に方」です。生きた人間のすべてが切望しているのはそれのはずなのにそこは自己責任でと戸が閉められるからつまらないインチキに引っかかってしまう。壺を買う。何かわからないものを医者がいいというからからだに入れる。分厚い本ぐらい自分のタイミングで読みましょう。わかんないといいながらでいいから「わたし」がどう発動するのかに注意深くありましょう。いつか荒野に放り出されるその日に備えましょう。備えがあれば荒野はいいところです。

好きな食べ物がありますか

Q――毎日メシ毎日メシを食べるのがめんどくさくって、ヒトに必要な栄養がビタミンCと繊維以外はすべて入っているという卵ばかり食べてます。山下さんは好きな食べ物がありますか？

また、山下さんは毎日食べているものがありますか？

人間は食うために働いてるというけれど、人間は毎日ちがうものを食べるために働いてるような気がします。

A――昼はほぼ毎日カレーです。レトルトのやつ。ご飯はチンするやつでわたしはカレーは面倒くさいからあたためずにそのまま冷たいまま食べるのですが最近のレトルトのカレーは袋のままレンジに入れたらいいものもあって、なのにそれでもあたためずに食べるから、わたしはあたためないカレーが好きなんだと発見しました。夜はまあその日によります。いくつか、五、六個がまわる感じです。酒は飲みません。食べものなんかどうでもよい、ということもなく、ただそこに対してそもそもとくに意見がなく、だからこそほんとうにまったくどうでもよいのか。雑なわりに雑にされるとちゃんとしてよと思います。野菜を食べた方がいいな、程度のことは考えます。からだのことなどどうでもいい、というわけではまったくありません。むしろ大切にしたい。ですから入院中は食事が毎食、こちらの好みに関係なく（ここは重要です）バラエティに富んでいて楽しかったです。

恋愛において容姿が重要視されるのはなぜですか

Q――恋愛において、こんなにも容姿（顔の良さ、身長の高さ、体格の良さなど）が重要視される理由は、いったい何なのでしょうか。

人間は、他の動物と違って、運動能力でなく高い思考力を武器に力を得て繁栄してきました。

そのため、力を測る基準として思考力を重要視し、学歴を参考に恋愛する相手を決めることは、合理的であるように思えます。

また、実際に権力を持っているという意味で、年収を参考に恋愛する相手を決めることも、合理的であるように思えます。

しかし、実際には、たとえば容姿が良い以外の何の力も持っていないようなアイドルがモテていたりします。

そこまで極端な例でなくとも、

普通、恋愛や結婚の相手を決める基準として容姿はそれなりに重要視されます。

人類全体にとって、恋愛相手を決める基準として能力の高さは重要であり、容姿の良し悪しに気を取られるというのは害であるように感じるのですが、なぜこんなにも容姿は重要視されるのでしょうか。

遺伝子の良さを測るうえで、容姿はそんなにも重要なものなのでしょうか。

A

合理的だとかいって、そんな優秀なオスライオンがメスを独占するみたいな話をしていますが、一見何かそこに大きな秘密があるように思えますが、どの説も噴き出すほどにインチキくさく、中三くらいの学力（中）みたいなガキになら「なるほど」といわせることは可能でしょうが、大人には通用しません。なぜならわたしたちは人間だから。それが通用する大人には警戒してください。ばかですから。今流行りの統一教会（旧）とかも、あれの合同結婚式ってあれが三十年前流行ったときも「ひどい」と言われていたものですが、みんな忘れちゃって。あれからずいぶん経ちますから当時若かった桜田淳子もいいおばあちゃんでしょうし、みんながみんなとはもちろん思いませんが、何となくやってらっしゃる方もいる。ここは大事です。どんなに劣悪でも人間はどうにかしていく。このポテンシャルはあまり語られることはありませんが重要です。新たな問題はそこで生まれた子らですね。誰がどう聞いてもひどい。騙される奴がばかだで終わるんだけど話は複雑そうで、物語を悲劇と捉える方々には生き地獄なんでしょう。死ぬ人もいるんでしょう。その仕組みに対する考えは別ですよもちろん。仕組みには問題がある。大騒ぎなんですからきっとそうなのでしょう。だからなんだっけ。容姿？　あ、コツがありますよ。かわいいなぁ、かっこいいなぁ、と思ったら全勢力を傾けて、老けた顔を想像してください。できたら首から下も。微かに曲がっている脚は老化したら大きく曲がるでしょう。微かに鼻を鳴らす癖は老化したら大きく鼻を鳴らすようになるでしょう。若いときには想像力が貧困だからわかりにくいかもしれませんがある程度歳を経ると大体わかる。あーあ、とか言わないけど思ってる。なので。やっぱり近場で手を打つんです大体は。金とか何だとか十年後どうなるかわからない良い時代になったのですからそんなものにはとらわれず。最近はYouTubeの宣伝の出会い系とかもあるわけだし。適当なのと数付き合って自分のやり方と向こうのやり方がそこそこ（そこそこが大事です。あ、最近だとワクチン打った打ってないは結構シビアな揉めごとになるとも言いますからそこらはデリカシーを持って確認しておいて）で、一致したらまあいいかと楽しくやってください。しくじりますし、運命の出会いがあるかもしれませんし、思惑とは違うかもだけど。出会えないことだって珍しいことじゃないからどうか気を楽に。俯瞰《ふかん》してわかったようなこと言ってっけど若いんでしょ。年寄りみたいなことは年取ってからいくらでも言えますから。講釈は抜きにしてしくじったら次は前よりうまくしくじればいいんです。身も蓋もないことを最後に書きますが。どれだけ用意周到でも最後にものをいうのは「運」です。ただ運がいいからよかったか、という宇宙の深淵もきちんと私たちの暮らす世界にはあちこちで口を開けてますからその宇宙の不条理に身悶える、っていうのも生まれてきた特権です。

自分が生きることに向いていないと思うとき

Q――自分の性格が生きることに向いていないと思うとき、
性格を変えようというアプローチは有効でしょうか？
日々の暮らしに困らない程度に資産もあり、
ブラックでない定職を持ち、結婚もし、
これといった病気もなく、
客観的に言えば自分は恵まれた境遇にあると思います。
一方で、世の中からすれば恵まれた方であるこの生活ですら
この先何十年と続くと思うと苦痛でなりません。
自分なりに内省してみると苦痛の主要因は勤労意欲の低さにあり、
もし完全に経済的に自由であれば生きていても良いかなと思えますが
それと同時にこれ以上生きるために頑張らなければならないならば
わざわざそのような労力をかけずに
さっさと終わりにしてしまいたいとも考えてしまいます。
考えとしてはあまりまともでないと理解していますし

すぐに実行に移すほどの行動力もありませんが、
事実としてこのような思考のまま
生き続けるのは苦痛だとも感じています。
一方、世の中には自分よりも余程恵まれない厳しい状況でも
楽しそうに生きている人々は多いのだから
性格や考え方が変わればもっと生きやすくなるのではないかと考えました。
しかしながら無理にポジティブになってみようというような、
自分の元々の性格を捻じ曲げるという試みがかえって負荷になったり、
うまく行かなかったときにさらなる諦念に繋がったりしないだろうかと
冒頭の質問をさせて頂くに至りました。
心理学的な知見からでも、実際性格変えてみたという
体験的なお話でも意見頂けると助かります。

A

人間の問題はほとんど、というか全部適当でいいとわたしは考えますから適当に書きますが、「これ以上生きるために頑張らなければならないならばわざわざそのような労力をかけずにさっさと」とかとあるけど、そんなことといってたって戸は突然あきますよ。あなた

があけるのではなくて、あく。あいて向こうが垣間見えて、すぐしまるのですが、見てしまったことはどうにもならないから、それまでのようにはいかなくなる。それが何かはわかりません。津波がそうでしたしコロナがそうですけどあれらは多くの人には戸の外だったはずですが、全員じゃないので「何」とは書けない。あなたのいうように安定だとか恵まれているというのは生きるとは関係がないからあなたが書くように過酷な状況でも楽しそうに生きる人間というか生き物は砂ほどいる。「過酷」はしょっちゅう戸があく状況だから、見ちゃった人たちだともいえる。いずれにしても生きるのに向いてない生物なんか存在しないし、そうじゃなきゃそもそも生きてないので、向いてはいるので騙し騙しやってください。いずれ戸はあく。ゾッとして、思わず見回し思いもよらない誰かと目が合い、仕方がないから笑って小さく息をしたときにでもここに書いた自分の文を読み返すとかわいいですよ。

難しい判断をするときの方法について

Q——小説、演劇などには絶対的な正解がないと思います。
しかし最終的には一つの文章、一つの演出に
絞り込まないといけないかと素人ながら思うのですが、
こういう難しい判断はどのようにされていますか？
私はただのサラリーマンなのですが、
ある程度データで判断を
絞り込むことができる業務もあれば、
あまり絞り込むことはできず
ある種〝第六感〟みたいな感覚で
判断する業務もあります。
後者の場合、判断をするのが怖いです。
参考にさせていただきたく、
質問させていただきました。

A

「かん」は精密科学です。あまりにも計算速度が速く情報が膨大すぎて簡単に、というか到底言葉にできないだけです。ただ「かん」が発動するのはあてるためにではありません、「かん」はあたりはずれなど眼中にありません、大袈裟にいうと「かん」はわたしを生存させるためにのみ働きます、だから「わたし」が当ててほしいとかあてたいだとか思うものとは違うものを選んだりします、それをわたしは（わたしたちは）「はずれた」などというのですが、長い目で見てみると「かん」の判断はやはり絶対に間違っていないのです。だからわたしは「かん」にだけ任せます。わたしは「わたし」の考えや判断を一切信用していません。

経済的に苦しく
どう生きればいいか心配です

Q――山下さんの小説が好きでいつも読んでます。
現在私は線維筋痛症、慢性疲労症候群という
全身の痛みと怠さの病気を十年患い、仕事ができない状態です。
この病気は難病指定もされてないので
公的な支援もなく経済的にかなり厳しくなってきました。
自分一人で家事ができないため実家暮らしですが、
役所には実家に暮らしている限り
生活保護は受けられないと言われました。
長年仕事もしておらず、親も高齢のため今後のことがとても心配です。
体調、経済面ともに先行きが見えず
真っ暗なところを歩いてるように感じてしまいます。
こんな私にこれからどう生きるか
何かアドバイスをいただけたら嬉しいです

A 少し長くなりますが。旧約聖書にヨブ記というのがあります。悪いことなど何もしていないのに悪魔のささやきによって神に酷《ひど》いことをされるヨブという人の話です。誰よりも神を信じていたのに散々な目にあわされたヨブはとうとう神にキレます。

「滅びよ、わたしが生まれた日」

キレたヨブに友人というのが何人もあらわれて「お前それは違う、神が間違うはずがない、間違えているのだとしたらそれはお前だ」というような薄っぺらな正論をいいます。「大変だけどもっと大変な人はいるよ、仕方がないじゃないか、病気になってよかったこともあるでしょ」とかいうあれ。しかしヨブは偉いから「うるせぇ黙れ」とそんなことは聞き入れません。この話、挙句は神が出てきて「おいこらお前、わたしに文句があるようだがわたしは神だぞ」と圧力をかけてきます。ヨブは引き下がります。神が姿をあらわしてまでいうのなら引き下がるしかない。あきらめた。信心をやめますというのでもない。ここはおそらく重要です。神を神としたままわかりました悔い改めますと突然ヨブは引くのです。神よりずっとヨブが世界の仕組みを悟ったように。悟ったのでしょう。神はヨブを慰め施しをします。付け足しのように羊何頭、らくだ何頭、金やら綺麗な娘やらだとか書いてあります。具体的に書く必要があったのでしょうがわたしにはつまらない蛇足に思えます。津波の後でいくら穏やかな顔を見せても前のようには海を見ることはできませんが、穏やかな海はやはり素敵ですというようなことか。二千年以上前に人間はこの話を書いた、そしてそれを多くの人間が読んできた。神というものを何より信心しようとした人々がです。ヨブ記には酷い仕打ちとしての試しの後の慰めと施しが書いてあるだけです。試した理由は悪魔のささやき。ばかみたいな理由、要するに理由がない。まさにわたしたちが生きている世界のように思えます。ちなみにわたしは何信者でもありません。がんばりましょう。

猫が死んだらどうしよう

Q――六十歳になりました。時々絵を描いていますが、それでは生活できないので事務員をしています。いつまで雇ってもらえるか不安です。猫を飼ってますが、今は元気ですが、猫が死んだらどうしようとそのことを考えると毎日泣けてきます。猫が死なないようにするにはどうしたらいいでしょうか

A

わたしも五十半ばですので少しそのことがわかるのですが、時間の経過のものすごさはものすごいものですよね。子猫も老いるし、自分も老化し変化していく。あった建物はなくなり景色が変わり人の様子も変化する。目が見えなくなり名前も思い出せなくなる。すべては徐々になので日々そのことに驚くわけではないけれど、ある日突然愕然とする。わたしは七歳くらいのときと変わっていないとどこかで思っているのに置いてけぼりにされていく。それは不安だし寂しいと思いはじめれば際限がないほど寂しい。わたしは死んだことがないのでこうしたことは死んでからこたえたいと思うのですが、たとえば七歳のときに、何歳でもいい

のですが、十二歳でも、そのときに感じていたそのときなりの寂しさや絶望のようなものには六十歳のそれとは違う反応を私たちはするがそれはなぜだということで。おそらくそれは死の気配というようなものへの恐怖だと思うのですが、七歳や十二歳はまあ普通の寿命を考えればまだ死にはしない、数字上はということです、しかし六十はそうではない。まだ死が近いというほどではないけれど七歳や十二歳よりは圧倒的に死に近い。だから少し神妙になる。全体に漂う心悲しさが怖い。しかしどうやらそれは呪いのようにも思えるのです。死ぬぞ死ぬぞ、みんな死ぬぞ、というような。若いときにはあまり聞こえない（もちろん聞き取る耳の良い若い人もいます）音でつぶやかれる呪い。「わたしは死ない、というか死ねないんだ」といって死んだ荒川修作という人がいました。彼は呪いにあらがい続けて「天命反転」と作ったものに名をつけた。天命を反転させてやるということです。だけど死んだ。しかしそんなことはもはやどうでもいい。「いつか火山におれはなるよ」と彼は言いましたがそうなのだと思うのです。ですから、猫も質問者さんもわたしもうちの歳をとって目がほとんど見えなくなった猫も、というかどれも誰もみんないつかまた火山になったり岩になったり海になったり運が悪けりゃまた人間になったり猫になったりするのだと思いますので、この質問をおぼえておいてそのときまた話しましょう。

嫉妬という感情をどうすればいいですか

Q――〝嫉妬〟について質問させてください。

スポーツでも、仕事でも、趣味でも何かしらの活動をしていると、明らかに自分ではできないことを簡単にできる人が周りに現れます。

そういう人に嫉妬していたのですが、
ここ最近は「まあ自分はこういうところに強みあるしな」と納得させているところです。

山下さんは作家、劇作家、俳優などいろいろな活動をされていますが、他人に嫉妬はされますか？　またされるとしたら、どう自分の中で折り合いをつけているのでしょう？

A

うちの猫はもう歳だからだいたい寝ているのですが、たまに起きてきたときにこちらが何かを熱心に見ていたりして猫に気が向いていなかったりすると不機嫌になります。わたしにかまえ！　と鳴きます。あれを嫉妬というならわたしにもああいう面倒くさいところがあります。しかし質問のような「嫉妬」はありません。わたしがすごい、わたしが一番だ、といいたいわけじゃありません。わたしはわたしのすることで精一杯なのです。忙しいのです。わたしは高いところを綱渡りしてるんで、見るときは「すすっ」と簡単に渡るやつが見たい。軽々とやるやつだけを見ていたい。やばい！　となっても盛り返すやつが見たい。安全なところでお茶を濁すやつとか落ちるやつばかり目にしていると怖くなる。出来ないやつを下に見る余裕もないということです。質問にある「嫉妬」は人間が起こすというよりは社会の仕組みの問題です。その仕組みが「嫉妬」を生み出している。そんなものカラクリがわかればばかくさくて本気になれません。ゆえにわたしは折り合いをつけるなどということはしませんし、する必要もありません。大きな虎の向こうで小さな虎は自分の狩りの精度をひとりで上げていくんです。いちいち傷ついたり頭を抱えたり開き直ったりせずに。というかみんなそうじゃないんですか？

働きたくありません

Q――私は今、愛に満ちた生活を送っています。
それ以外の現実のつながりがどうでもよくなって、
気晴らしに友達としゃべりたいとも思わないし、
実際そういうのはうまくいかなくなってきて、
まえよりずっと深く考えることができている気がして今はうれしいです。
しかし二年前に大学院を卒業してフリーターをやっているのですが、
一緒にくらしている相手や、実家で心配している家族を考えると、
もう私は就職せざるをえない状況になりました。
しかし私は考えたり書いたりすることだけをやっていたいんです。
社会と同化する自己を保持しておくことが、
重要な緊張感を生むのだという考えかたも、
私には信用できません。
労働と戦争というのは、とても構造が似ている、
加担者にはなりたくない、

労働がなくなったあとの世界の人たちは、
労働なんてあほらしいと笑っている、と思います。
私は本当に働きたくないし
働いて毎日長時間型にはまった
思考をするのが嫌だし自由になりたい。
でも私はたぶん働くでしょう。
エントリーシートももう出してしまった。
でも私はぜんぜんそんなことはしたくない。

A

わたしは商業高校卒で卒業する頃ちょうどバブルの時代で学校始まって以来の求人数でした。でもわたしは就職する気はありませんでしたから、かといって何かやりたかったわけでもなく、就職活動にまったく参加せずぼんやりしていたら教師に呼び出されて「こんな恵まれた年はない、行きたいところへ行ける、なのにどこへも行く気がないなんてどうかしてる、将来を棒に振るのか、どこか決めろ」と延々と説教されたりしましたが従わず、卒業生で一人だけ行く先を決めないまま学校を出ました。それからは適当にアルバイトしたり、そのとき気の向いたことをしたり、親も早くに死んだりして、今も続く災害の時代をなんとなくうまくかいくぐり五十をすぎました。金なんか昔と同じく相変わらずないし今よりもっと歳をとって動くのにも支障が出たりするでしょう、売れない本をいつまでも出版社も出そうとはしないでしょう、生活できず路頭に迷うでしょう、また災害は起こるでしょう、それはまたそのときです、そしてそれはまだ死んでなくこの世界にいるのなら楽しみでもあります。少なくともここまでは大変楽しい日々でした。過ぎてみれば短いとかいう人はいますが長いです、長いことこそ幸運です、あれこれおありでしょうがどうかがんばってください。

SNS上で本人とは異なる名前や写真を使うことについて

Q——SNS上で本人とは異なる名前や写真を使ってさまざまな意見を発信している人物は、本来の自分とは別の人生を演じているということになるのでしょうか。
顔を隠して別の名前を使っても、
本心を発信している場合は自己を偽っておらず、
意図して演じているわけではないようにも思います。
素性を隠すことと演じるということは、
似ていても異なるという考えについて、
もしよろしければご意見を聞かせてください。

A

匿名も何もほんとうのわたしなんてわたしには想像もつかない。わたしたちは常に毎瞬間あらゆる形を取りながら、形もなく、わたしを飛び散らせている。それが今流行りのウイルスのときだってある。印象、気配、宇宙にあるものの全部を使ってわたしは拡散している。「素性を隠すことと演じるということは、似ていても異なる」も何も自分がいつ死ぬのかも知らないのに「わたし」のほんとうの素性なんていったいどうやって知るのか。何をどう細工してもわたしはわたしです残念ながら。そうでないものですらわたしなのだから匿名だろうと素性だろうとたいした違いはないように思います。

人生がむなしいです

Q——十七歳、音楽好きの高校生です。

私は最近すべてに無気力で、自分の好きな音楽についても無気力に陥っています。

学校は県でそこそこなところに行き、人間関係においても大変充実しています。

また、周りに友達などがいるときはそのときを楽しみ幸せだと感じているのですが、

一人のときになった途端、心が急に冷え何もかもできなくなってしまうのです。

そして、学校に行き、友達たちが「どんだけ勉強やった？」とかと話し合っているとき、

自分はなんで変なことを考えて何もしていないのだろうと後悔の念に駆られるも、

それでも行動できない自分との狭間でどんどん心が擦り減る日々です。

また、そこから成績が下がり、勉強をしろと親に言われるも、これからの時代、

学校の勉強ができる=収入が良いという社会は終わるのではないかと考え、

そのようなことを言っても最初からデータなどをみず、

否定する親に少し腹立たしさを感じています。

もちろん、勉強の大切さもわかっていますが、心を擦り減らし、

辛くなるまでやる必要はあるのかと思ってしまいます。

このような思考を持つ私はおかしいのでしょうか？
またこんな私が変わることはできるのでしょうか？
ぜひ教えてほしいです。

A

わたしたちは人間をするのがはじめてなのにもかかわらず誰も「知らない」「わからない」とはいわずにあーだこーだいうのは驚くべきことに善意です。悪意なら「うるせえばか」で済むのに善意はそうはいかない。これが似たようなのが大量生産される大きな理由のひとつです。だから「わたしは変わっているのかな」と思えたときはチャンスです。百年経てばあなたの親もあなたもみんなに偉いといわれようとしこたま儲けていようと好きにのんびり河原で寝ていようとこの世にはいない。「映像の世紀」というテレビ番組がありますが、歴史上の人物や出来事や人々がうつりますが、あそこにうつっていた人はみんなもういません。吹けば飛ぶような「変」こそが何十億もの、というかたったそれだけの今生きる「人間」の唯一手にできる武器（そんな生きものを叩き殺す道具にたとえるのもどうかと思いますが）なのだと思います。その武器で「わたし」を守り維持してください。できればなるだけ長く。人間に伝達されていくものはもしかしたらその「意思」なのだと思います。

良い俳優の定義はありますか

Q——良い俳優の定義はありますか？

A

定義はないです。「良い」に暫定的にしろ定義があるのは数字のはっきりしたもの（勝ち負けのある、成績を数字であらわすもの、スポーツと呼ばれるもの、商売だとか経営だとかああしたもの）か止まっているものだけです。今日の空の雲の具合と風の感じと温度と湿度はとてもいいね、とはいえますが、しかしそれは「良い天気」の定義にはならない。俳優はほとんどそれです。はっきりものごとの枠を決めて安定させて安心したいとわたしたちは考えますが、そのため人間の動きのほとんどをその無理矢理こしらえた枠内に押し込めようとしていきますが、そもそも生きて動いているものにそうしたやり方は通用しないし、その考え方自体がいんちきなのだし、見たければ知りたければじっと見続けて考え続けるしかないのだと思います。

まわりの環境に染まらないためには

Q——三十歳、高校の国語教員です。

山下さんの小説が好きで、いつも読んでいます。私は昔から学校が苦手なんですが、生徒たちと話してみたいことがたくさんあり、教員になりました。

教室が好きです。何かが伝わったり、伝わらなかったり、伝わった気になって伝わっていなかったり、伝わらなかった気がして、やっぱり伝わっていなかったりする教室は、面白いです。でも、学校は苦手です。

「生徒のために」とか、「社会で活躍出来る人材育成を」とか言われると、げんなりしてしまいます。教室での生徒との時間を得るために、学校に籍を置き、教員として求められる仕事をこなしています。しかしそうするうちにふと気がつくと、自分がものすごく「学校的」な考え方や身振りをしていることがあります。怖いです。ある場所にずっといて、その場の言葉を使いながら、そこに染まらないでいることって、可能なんでしょうか？

山下さんの考えをお聞きしてみたいです。

よろしくお願いします。

A

染まらないというか染まれない人がいます。染まれない人はどこへ行っても染まれないのでずっと軋《きし》みの中にい続けます。とそこだけ聞くと過酷でしかないのですがわたしはそうした人こそが「希望」だと思っています。だいたいは染まるか逃げるかです。逃げたところでなのですが逃げてしまう。ですから質問者さんのような方は染まれず逃げそびれた人ともいえる。まだ若いからこの先逃げる機会はあるでしょうが、逃げたところでがもうわかってしまってもいる。わたしは随所にそうした人がいると思っています。見えないし、いたところで大きな仕組みが変化するとは思えない。変化したとしてもそうした人たちの力というよりは何か別の天災のようなものでしょう。今のコロナのような。もちろんそれを「あなたたちの力だ」という勢力があるのも承知していますがわたしはあまりそれには乗れない。わたしは力と力が競り合うのが嫌です。そうではなくそうだからこそそうしたもの、そうした人間こそが希望であり、わたしもそうありたいと思うのです。そうあるだけ、そうありそこにい続けるだけ。いつかのためにではなく、今そこにすっとさした日の光のように、というよりは、ああ日がさしたな、とわかるように。だからこたえも何もありません。ただ、お疲れ様です、というしかない。

ノラ猫と関わるときの信念はありますか

Q——こんにちは、初めまして。私の家には猫がいます。親戚が育てられなくなったため十歳で引き取りました。屋外に出たがらず、生まれてこのかた野原で寝転んだり野草をかんだりしたことがありません。私は彼という猫を知っていますが、猫という種を理解しているわけではありません。

家の外にはさまざまなノラ猫がやってきます。五、六匹はいるでしょうか。極寒の冬の夜などを思うと胸が締め付けられます。どうか幸せでいてほしい、と思ってしまいます。彼らを知らないくせに。

すべての猫に餌をあげることはできません。

信念がないとできないですし、それで解決するとも思えません。

ノラ猫だから不幸だ、というわけでもないのでしょう。

性格も体力もそれぞれに違うでしょう。勝手に憐れむのは失礼な話かもしれませんが、それでも家の中の猫と比べてしまい、ノラ猫にも幸せでいてほしい、と思ってしまうのです。

質問は、ノラ猫とどのような関わり方をするかについて、どのような信念を持っていらっしゃいますか？

A

基本的に野良猫は眺めるだけです。ほんとうにたまに、気が向いて、カリカリをあげたりしたことはありますが、ちゃんと決まった時間に餌をあげている人がいるのに気がついてやめました。解決というのが何を指すのかわかりません。憐れむ、もわからないし、失礼、というのもわかりません。何となくわかるけど、対面なら無視します。信念なんか何に対しても持ってません。長く観察していればもちろんわたしにもある特徴？　傾向？　があるのでしょうがそれは信念だとかいうものというよりは、わたしの身体の特性、それは育ちや刷り込みも含む、この身体の癖です。癖は癖としておいた方が楽でいいのでそうしています。意志だとか信念だとかいいはじめると面倒くさい。喧嘩になるし殺し合いにだってなる。家の猫も外の猫も家の人も外の人も普通に幸せだし不幸せですよ。知らんけど。この「知らんけど」というのが地味に流行りつつあるそうで。わたしは神戸の生まれですがあの方面では昔からよく使ってました。何かいっといて「知らんけど」という。末期癌で死にかけている親がいる友達に「大丈夫なん？」と聞くと「あかんやろ。知らんけど」みたいに使う。笑

好きだったことがだんだん憂鬱《ゆううつ》になってきました

Q――二十代から演劇をするようになりました。

当時何か始めようといろいろ探しており

正直何でも良かったのですが月謝のない演劇を選びました。

スタッフのつもりでしたがやらざるを得ない状況で渋々演者をやりました。

思うようにできず夢中になり気づけば演劇ばかりの六、七年を過ごしていました。

自分がこんなに夢中になれるのかと意外でした、が私はいつもどこか

演劇を憂鬱に感じていることに気がつきました。嫌なのにやろうと思うもの、

がしっくりくる。周りの人は好きだ楽しいと嬉しそうに言える人が多かった。

私はなぜ憂鬱なのにやるのか考えるようになりました。集団での創作は

楽しい瞬間もありましたが根本の部分が周りの人達とは違う

ズレのようなものを感じ虚しくなる瞬間が増えました。

そしてここ一年表現という行為にほとんど興味がうせ

演劇や創作からパタリと離れています。

以前は前のめりだった観るのもやるのも今はしたくありません。

でもやめたとはとくに思っていません。
山下さんのラボに参加しましたが
自分がわからなくなりくらくらして面白かった。
山下さんにとっての集団創作や演劇、書くという行為は
ご自身とどのように関係してどのような距離感ですか?

A

ごんごんとぶつかりながら移動するなめらかじゃないへびみたいな文章でおもしろい。「何か」が「演劇」だった「月謝」がなかったからだった、っていうのもいいですね。しかし書かれているような「わたしとその他」というのか「複雑なわたしと書き割りみたいな他者」視点はあるところまでは続けていく動機になるけど創作においては必ず行き詰まります。他とは違う特別な「わたし」では行ける距離に限界がある。わたしの複雑の底の浅さに気づくのです。そこでギアが変えられていればまた違う速度で走り出します。そこからが創作というか、創作に戻る。そうして創作に再び戻れば複雑どころの騒ぎじゃない「わたし」には手に負えないわたしが発見される。そうなれば一生遊べます。演劇と小説の違いは手順の違いでしかありません。小説は一人で辛抱しなければならないし演劇は人間と交わるから外向きの体力がいる。距離感もくそもない。するときわたしは常にその都度そのどちらかの中にいる。

幸せとはどのような状態ですか

Q——山下さんは幸せはどのような状態と思いますか？
また最近、とても幸福を感じた！　と感じたことはありますか？

結婚して十三年経ちます。
いつもかみさんを見ているだけで幸せで、
へらへらしています。だけどそれを幸せと思うのは、
奥さんへの不平をどうだ面白いネタだろうと
言わんばかりにドヤ顔で語る上司や、
いつも何かとイライラやピリピリを
発散している独身の女性の先輩を見ていて、
だから相対的なものなのかな、
と思ったりしますがそうではない気もします。
まだ小さな娘と大きな池のある公園で、
二人用のサイクルボートに乗って水鳥にパンの耳を与えていたとき、
はるか上空を旋回していた六、七羽ほどの鳶《とんび》が一斉に降下してきて、

私たちの周りを乱れ飛び、頭のすぐうしろでばちん！　と
羽と羽がぶつかる音がした瞬間は、
何か感じたことのない幸福がありました。
これは絶対的なもののように感じます。

A　コンビニの前に犬がつながれていて飼い主は中で買い物をしている。犬は飼い主が戻るのを待っている。わたしは飼い主が出てくるまで見ていようと決める。犬は店の方を向いているからわたしには後頭部だけが見えている。ためしに「ちちち」とやってみると犬は一瞬「なに」とこちらを向く。でもそれは一瞬でまたすぐに顔を店に向ける。たぶんレジのあたりに立っている男の人が飼い主だ。だけどまだ犬には見えていない。犬は小さくて白い。飼い主の男の人は犬がどうやって待っているか見えていないから、たぶん見たことがないから、のんびりとして急いだりしない。ようやく用事を済ませ自動ドアのところまで飼い主が歩いてくる。犬はそのことに気づいて、見えたのかにおいか、尻尾を振りはじめる。自動ドアがあいて飼い主が姿を見せる。尻尾をちぎれんばかりに振って犬はほとんど立ち上がる。あのとき犬はきっと幸福だが見ていたわたしも幸福だ。理由はいくらでも言葉にできるけど言葉にしたとたんあの魔法はとけるように思います。とんびの話はいいですね。

お金がなくても幸せ、と思うためには

Q——裕福を経験してない人が
「お金がなくても幸せ」と確信する方法はありますでしょうか?

人生観について語られる書籍でよく、本当の幸せは他者との比較ではなく
自己の中にある。のような文言を目にします。その中で具体例として
「お金がなくても幸せ」、それに気づくことが大切だと書かれていることもあります。
確かに裕福でなくても楽しい思い出はできますし、幸せは手に入ります。
しかしお金を持っている(裕福)を経験したことのない人間が
「お金がなくても幸せ」に納得するのは難しいと感じています。
できていたとしてもその根拠は弱く、
自分を無理矢理抑え込んでいるだけな気がします。
人間関係であまりストレスを感じない自分としては、
その他の日常的に起こるストレスの原因は
ほぼすべてお金の力で解決できてしまいます。ストレスを回避できる。

それは不幸を回避できることかと思います。

そしてそれは紛れもなく幸せに近づくことかと思います。

不幸を回避できない（お金がない）状態で自分は幸せか？　と問いかけると確信を持って幸せとは言いきれないのです。

不幸でないことが幸せであり、不便を不幸と感じていることが良くないのでしょうか。

A

絶滅収容所にいても人間は「幸せ」を感じる。感じるというか感じてしまう。金なんて持ち出すほどのこともない。金がなくても幸せだし金があっても幸せだしコロナでも幸せだしコロナでなくても幸せだしどれも同時に不幸せでしょう。そこには「比較」はない。比較しても仕方がないというより、「比較」などという悠長なものの入り込む隙間がない。大事に大事に保護された猫も、道端の、それも劣悪なとわたしたちには思えてしまう冬には零下となる北のどぶの横に暮らす猫といったいどちらが幸せだろうなんてことはそれこそがモチベーションだとうっすらとした恐怖をいつの間にか植え付けられた、しかしその自覚はない人間だけが空想する、どうでもいい話だとわたしは思います。

便利になる世の中に人間はついていけるのか

Q——世の中はどんどん便利になっています。
ですがキャッシュレス決済は
お金を使っている実感を損なわせ浪費を招き、
便利なシステムは、さもやって当然だ、
とでも言いたげな横暴なクレーマーを産み出しているように感じます。
もはやどちらが〝使っている〟のかわかりません。
この状態を克服するため、便利になるスピードに
人間の精神の進化は追いつけるのでしょうか？

A

わたしがいつも好きで見ているツイッターがあって、書き手は毎日働いておられて、いつも夜遅くまで。会社は大きな建物というのではなく小さなアパートのような場所で。だから普通の部屋のように窓がありベランダがある。そこへ白い大きな猫が来るんです。愛想の悪い顔のかわいい。ご飯をもらいに。毎日、日に何度も。だけど来ない日もある。すると書いてらっしゃる方は心配する。でも次の日来て、見ているわたしも「ああよかった」となる。

その間もちろんご存じ「せかい」は激動しています。コロナ、戦争。スーパーは気がつくと無人レジ。現金の使えないやつもある。現金しか持たないわたしは呆然とする。自分たちで自分たちの首を絞めているのがわからないのか！　人間は！　と、まあなる。なるがツイッターをひらくとあの猫がご飯を食べている。世界中で猫はご飯を食べている。猫だけじゃないもちろんあらゆるものが、わさわさと、わたしたちも。食べられない人もいるが食べられない人もたまには食べている。餓死していく人間がいるのを知って食べている。わたしは大丈夫だと信じています。わたしたちは大丈夫なんだ。ときどき明後日を向いていがみあい（殺し合い）絶望するが大丈夫なんだと信じているので機械ごときに何がどうされるとかまったく思いません。ゲームの終わりは今にはじまったことじゃない。しかしゲームは終わっていない。たっぷり絶望するが悲観なんかできないということです。

自由意志とはなんですか

Q――山下さんの「私」に対する考えはとても興味深いです。
私は今日、残業が決まっていたにもかかわらず、
定時で帰ってしまいました。
悪意もサボる意志もまったくありませんでした。
「忘れていた」「確認不足だった」と私は思いますし、
これから注意しようと思います。
しかし、一方でどんなに注意しても、どんなに気をつけても
今日は定時で帰っていた気がするのです。
「私」というハリボテの後ろに隠れた、
隠れたというよりは氷山の一角の？
何か得体の知れないものが決定したとしか思えません。
この考えは失敗を受け止めたくない私が生み出したものなのでしょうか。
自由意志とはなんなんでしょうか。

A

「わたし」は一人じゃない、というか「一人」だとか「二人」だとかそういう分け方が変というか、分かれてもおらず、「犬に昨日は見えていたけど今日はアシカだねぇ」というそういうよく考えると混乱してしまう、わたしたちが普段使ってる認識の仕方では理解不能、子どもなら平気で受け入れるでしょうが、とにかくそういう作りなので「わたし」は、どれかを捕まえて「これが本当のわたし」とは出来ないんだと思うのです。出来るとどう刷り込まれて錯覚したのだろう。ちゃんとしよう、と、逃げちゃおう、は同時に両方あるし、もっと数があるほど多様（最近使われすぎて嫌な言葉になってきましたが多様）で、捕まえようなんて考えるとおかしくなる。「意志」というのも曖昧で、意志というものがあるとすれば、転びかけたときにからだを勝手に立て直そうとする機能であって、風邪のウイルスが来たら、風邪を、引いて、熱を出して、ウイルスを排除しようとするそれであって、いわゆる「わたし」とは関係がない。学者が何というのかは知りませんが。わたしはだから「意志が強い」は「からだが丈夫」ぐらいにしか聞いてない。何かをしなきゃいけないのにしない「わたし」を「意志が弱い」とするのではなくて「やりたくないんだな何でか知らないけど」ぐらいの、「咲くと思ってたけど咲かないなこの花」みたいなものですからイラついても仕方ない。よほどでなければいつか咲くだろうし、その花が咲いても咲かなくても雪のヒマラヤを歩くユキヒョウの親子には関係がない。

後悔しない選択をしたい

Q——現状に留まった場合と、違う選択肢を選んだ場合の比較をどのような観点で行うとより後悔を最小化できるでしょうか?

A

何をいっているのだろうとしばらく考えた。後悔の最小化。やっちゃったんだもーん、もしくは、やらなかったんだもーん、と明るくいう、とかですか。となれば性格、性質ですね。あっけらかーんとした人になってください。

愛するということ

Q——「愛するということ」ってどういうこと・ふるまいだと思いますか?
エーリッヒ・フロムの同名の名著を読んで
様々な人の考えを知りたくなりました。

A

前にテレビのドキュメンタリーで養子を育てる夫婦を見ました。二人は子どもが出来なかったから親が放棄した女の子を引き取り育てる。まったく裕福ではなかった。思春期になるとその子は自分の出自を知り二人にひどいことをいって激しく反抗した。お母さんとお父さんはしかしまったく怒らなかった。うんうんというだけで子が怒り飽きるまで黙って聞いて、終わったらご飯を作った。わたしは見ていて途中何度も腹が立った。何だこのがきは。しかし二人は一度も決して怒らなかった。その子は十代で妊娠した。そのときも二人は問い詰めたりせず「どうする?」と聞いた。うむとその子はいった。お母さんはその子のお腹をさすり「背中が痛い」というと背中をさすり毎日食事を作った。その子が子どもをうんだ。二人はうまれた子を愛おしそうに変わるがわる抱っこした。最後その子が子を抱きながら「お母さんみたいにこの子にしてあげたい」といった。わたしは「愛」という言葉を見ると聞くといつもそれを思い出します。

2

書くこと

小説を書ける人と書けない人の違いとは

Q――小説を書ける人と
書けない人の違いって何でしょうか？

A――小説は書ける人と書けない人がいるのではなく、書く人と書かない人がいるだけです。書ける書けないは他者が判断する良し悪しというか好みみたいなもの（それは「わたし」の脳内にも侵入してくるから厄介ではあるのですが）から来る基準でしかなく、もちろんそれへの配慮とか努力？　が好きな人はすればいいと思いますが、しかしそれは別のゲームであり、核心ではありません。動機になるという人もいますがわたしはそもそも動機というものを疑っています。疑っているというかそんなものはいらないと思っています。あれはすぐに飽きる。いつまでもあるのは衝動のようなものだけです。衝動がどこからくるのかはわかりません。それのある人は何かしらやります。性犯罪者のようにいくらやるなといわれてもやる。捕まえられて投獄されてもやる。ピカソはたしか腕を落とされたら足でやる、足を落とされたら口で描く、というようなことをいった、とどこかで聞いたか読んだ気がしますがそんな感じです。ない人はやらない。芸術はどれもやるかやらないかです。

小説がよくわかりません

Q──小説が好きなんですが、小説がよくわかりません。
書いてみようとしてはみるものの、
なんだろうなぁと思っているあいだに時間が経っています。
つづきがいつか書けたらいいな、と思いつつ、です。
大江健三郎が何かで「小説は被膜《ひまく》だ、核はないんだ」と言っていたことを、
よくわからないなぁと思いつつ覚えています。
山下さんは小説ってなんだと思いますか？

A

似たような質問があったので「書いているうちに考えていた話と違ったものになってしまったり、途中で続きが浮かばず放置することが多々あります。山下さんはこういうことがありますか？　また、こうならないためにはどうすればいいでしょうか」という、だいたい同じようなものにわたしには思えるので同じものとして。小説は書かずにあれこれ理屈を並べるよりは書き切ることです。考えてから走るというよりは考えながら走る。そして絶対に書き切る。書き切ってから見つけたあれこれはまた次書くときに書きながら考える。書き切ると

いうのはほんとうに大事です。書きさしを十個作るより一個書き切る、少なくともわたしはそう考えます。小説について「考える」というのはなんとなくイメージするものとは相当かけ離れたものです。夢を見るために考えたりしないように小説について考えるのはいわゆる「考える」とは違います。しかしわたしは何につけ「考える」というのはそういうことだと思っています。生きている間に体に走った電光石火のすべてがどのようにかは本人にもわからないやり方で夢になる、字になる、絵になる、音になる、ダンスになる。なら「わたし」にはどうにもならねぇじゃねぇかと思いきや、意思の力は驚くべきことにそれらに作用する。わたしの知り合いは驚くべきやり方で問題をクリアしていきます、夢でです。夢で解決したいと「思っている」わけじゃない、そのレベルをはるか通り越しておそらく何かが切実だからそうなる。小説を書くように夢を見るなぁといつも思います。小説を考えるというのはそこでの話です。おそらく質問者はそこから先のことを質問しているのだと思いますがそれはそれぞれ自分で自力で考えるのです。小説が何かなんて聞いている場合じゃないのです。わたしは少なくともそんな問いにこたえる気がないくらい切羽詰まっています常に。

印象に残っている「純文学」の作品を教えてください

Q――私は以前から「純文学」が苦手です。
その理由としては、現実逃避のつもりで
読書しているのに生々しい現実を見せられるからです。
しかし、「純文学」でしか表せないものもあるし、
そこでしか得られない読書体験があると思い、
最近になって読んでみようと思っています。
芥川賞の受賞如何《いかん》を問わずに、
印象に残っている「純文学」の作品を教えてください。

A

ここでいう「純文学」とは何だ。わたしはいわゆるあなたのいう「純文学」と呼ばれるものの書き手、らしいが、わたしはその「純文学」が何かを知らない。知る気もない。なぜないか。そんなものはないからだ。「ありますよ」という人がいるのは知っている。何かしら便宜上、呼び名がなければ話がややこしくなるからその人たちは枠を作る。ややこしくす

ればいいじゃないかとわたしは考えるが、物事を「ややこしくない」方へ向かわせようとするのが多数だ。そして結局ややこしくなりいがみ合うのが世間だ。それはご存じでしょ。そのことに愕然とするのは当事者として途方に暮れたときだけなのもご存じでしょ。定義不能は面倒だから、統治の邪魔だから、適当に誰か「時代の顔」が「リーダー」が雑な定義をして「なるほど」とばかが乗る。乗ったばかが集まり世間になる。世間は空気になり、曖昧なもの、定義不能なもの、ばかじゃないもの、ばかから抜け出しそうなもの、いや、本物のばか、を捕まえては「馬鹿だと知らない二度と戻れないばかになれ」とじんわり圧力をかけて骨抜きにしようとする。しかし抜けない骨がある。抜けない骨こそ希望です。本の一冊ぐらい自分で探しましょう。

作家から見て価値がある・格が高いとされる賞はありますか

Q──文学賞というと日本では直木賞・芥川賞が目立ちますが、作家目線で価値がある・格が高いとされる賞はあるのでしょうか？
川端康成文学賞や三島由紀夫賞、野間文芸賞や谷崎潤一郎賞などの受賞歴が作家のプロフィール歴に記載されているとなんとなく凄いイメージはありますが……。

A

わたしにはありません。わたしはしかし聞き手の腰を折りたいがためにそういっているわけでも、かっこをつけているわけでも（そういうとこれが「かっこをつけている」と「わたし」が思っている、ということになりますが、そうと思わないのですが、まあいいや）ありません。賞は金のようなものです。それがあれば便利だという意味で。それがあれば何も書いてなくてもそれを持っている人としてある人びとは扱ってくれる。その扱いを「よし」とする人にはだから意味を持つ。そしてそうした扱いにとくに何の思いもないわたしのようなものでも、たとえばこのような場が与えられたりして、楽しくこのようなことを書き金がもらえる。たくさんではないけどそれでもソファーに寝転がって（今がそうです）スマホで数十分書いたもので誰でも金がもらえるわけではないから幸運です。わたしが賞をもらってなければ声もかからなかったでしょう。しかしそれだけのことで、わたしにとって重要なのはそこで何を書いたかでしかありませんから、場がなくても場を作って書いただろうし、金にならなくても書いただろうから、やっぱり賞とかそうしたものはどうでもいいのです。断らなかったのは金をくれるからです。金金と金のことばかりいっているように見えますがたまたま重なるだけで金でやっているわけでもありません。

人が読みたくなる文章とは

Q――どのような文章を人は読みたくなるのでしょうか?
現在、就活生でエントリーシートを
書く機会が多くあります。
企業の方々は何千枚もエントリーシートを
読んでいると思うのですが、
その中で埋もれないようにしたいです。

A

とても困っている友人なり家族でもいい恋人でもいい、とにかく他者がいるとして、その人に何とか助けになりたいと思いメールなり書くとき、そんなとき「どう書こう」と発動するそれは、いわゆる「どう書こう」とは違います。こう書くと変かな、とか、貧相かな、とかそんな悠長なことは考えない。伝わるかな、ともたぶん考えない。どうにか助けになりたいという熱意しかそこにはない。たまにわたしはわたしが書いた小説の感想をもらうのですが、いちばん残るのは、やはり熱意溢れる感想です。何が書いてあるのかまどろっこしくて読み取れなくとも熱意が伝わりうれしくなる。就職となると向こうは書いた者の聡明さや、持てる技術やらが重要で、なおかつそれらが簡潔に書かれたものを良しとするのでしょうが。わたしは演劇をしていたとき、企画書がだいたい通ったのですが、そのコツはへりくだらないことでした。上から目線で書く。まさか上から目線で書かれていると向こうは思わないから引っかかる。試してみてください。

小説を書くときに窮屈を感じることはありますか

Q――山下さんに質問です。小説を書くときに、細胞分裂みたいに書けていくときがおもしろいと感じるのですが、そのうち手が止まって考え出すと窮屈になってきます。

また書いていて、書けることが「現状自分の知っていること」「思い描けること」に限られている（？）のが窮屈だと感じます。

想像の広がりをできるだけ停滞させずに進みたい。

植物の名前だとか社会のシステムだとか具体的なことを生活の中で知っていくのは大事だと思うのですが、書いている今知らないことは書けない。

無理をすると「とってつけたよう」になって、その嘘くささは書く楽しさとは真反対です。

そういった窮屈を感じることはありますか？

そのようなときどうしますか？

A むしろ小説の楽しみは窮屈に感じて手が止まるときです。小説に限らずさまざまな場面でそうしたことはあるでしょうがあれは驚くような体験で経験した人だけが「知らない」はぼんやりと立ち上がるのではなく突然霧の向こうに断崖絶壁のようにあるのだと知る。しょっちゅう嫌になりますがやめようとしないのはそれが楽しいと感じているからです。そこから逃げた人は損をしています。というのはそこにしか楽しみはないからです。内に向かうのを全部を放り出して「どうしよう」と途方に暮れていれば思いもよらないやり方で睨んだ板に穴はあく。どっかからヒュッと飛んできて板に穴をあける。あれらは必ず外から来る。そのことの理由は学者に任せます。そうしたときわたしがあてにできる「これ」（わたしという意味です）はその作りぐらいです。耳の大きさや手の長さといったような。しかし優位な作りなどはどうやらない。その作りに沿って展開する。頭がいいだとか才能がだとかいいますが勉強や野球じゃないんだからあんなものはたいした違いにはならない。楽しんでください。

小説を書くと発狂しそうになります

Q――小説を書くと、発狂しそうになります。

比喩ではなく、本当に。

友人は、書くことで体のあちこちが痛くなることがあるそうです。

書くことによる精神の危機、書くことによる身体の危機は、乗り越えられるものなのでしょうか。

A わたしの場合それらを乗り越えるすべが書くことだと考えます。書いていたからこそ発狂せずに済んでいるのじゃないかと思います。もしくは気がつかない。痛くはなります。首も肩も頭痛も常にあります。しかし少し運動すればそれらは改善します。大きな病も何度か経験しましたがそれが書くことから来ているとは思えません。書いて削られてそうなったという人もいますがわたしはそうは思わない。むしろあれで済んだのは書いていたからだと思います。

小説を書いていて怖くなったことはありますか

Q――山下さんは他の方が見落としそうな些細なことや目を背けたくなるような痛々しい出来事でも丁寧に拾い上げて、一つ一つ言葉にする繊細な方だと思っていますが、小説を書いていて怖くなったことはありますか。痛みや暴力に怯え、頭が真っ白になった経験はありますか。

A

わたしは書いたものに動揺したりはしません。そもそもわたしには書きたいものなどありませんから何が出てきても楽しいです。そのわりには書かれているものには大変無頓着です。状態が楽しいのです。書き終えて見直して足したり削ったり書き換えたりする時間になってはじめてわたしは書いたものと対面するような気分になります。そこらあたりでわたしは強く発動します。わたしがこわくなるのはこんなに楽しいからといって集中してしまってこんをつめてしまって大丈夫だろうか？　というときです。めったにないのですが道ゆく人が大人も子どもも死んでいくときが見えてしまうような。錯覚ですもちろん。脳が何か少し興奮しているのです。使い切った筋肉が思わぬ威力を発揮したり震えるように。そんなとき脳は異様なものを見せてきます。海ではしゃぎすぎて泳ぎすぎて唇を紫にする子どもに似ています。あした子どもには人魚姫が見えているのかもしれません。そのまま溺れることもある。だから気をつけようと思ってはいます。

書くときの言葉はどこからやってきますか

Q——小説を書いていると、直近で読んだり、
好みだったり、印象の強いというか、
何となく意識の表層に残っている
作家さんの文章や文体と似ているものがでてきてしまいます。
それが僕はあまりいいことではないような気がしますが、
でも当たり前な気もします。
ただ、それが肉体の芯みたいな部分から放たれている言葉なのか、
それとも小手先で利用しているだけの言葉なのかが
自分でもよくわかりません。
これがよくない気がします。
山下さんはどう思いますでしょうか、
また山下さんが書くときの言葉は
どこからやって来ているのでしょうか。

A

その言葉が奥底から出てきたものなのか表層のものなのかどのように判断するのか。言葉自体すべて外から入ってきたもので何ひとつ自分で編み出したものじゃない。わたしは思考のたとえとして「浅い」「深い」というのがよくわかりません。自分から出てきたものにわたしはあまり自分であれこれ水をささない方が良いように思います。というのもあれはひとつの「いじり遊び」で爪を噛む癖のようなものできりがない。爪ならなくなって噛めなくなりますが。真似でも何でもかまわないと思います。いずれ何かしらがたちあらわれてくるならたちあらわれてきます。こなけりゃこないで楽しい時間です。わたしの書く言葉がどこから来ているのか。わたしの外からなことは間違いありません。たとえていうならわたしは変電装置のようなものです。電気はそこら中に飛んでいてすでにわたしがあらわれる前からあった。そこへわたしが生まれ出た。生まれ出たものはどれであれ微弱に電気を引き寄せてまた放出するのですが「わたし」を通過することにより少し変化している。しかしそれは外に放たれたとたん他のとまざり希釈されたり濃くなったりしながらどれがそうだったかわからなくなる。「わたし」を通過していく水や空気のようなイメージです。

小説を書く資格について

Q――本が売れない時代のためか、
アイドルやお笑い芸人やミュージシャンといった著名人が
小説を書くケースが増えた気がします。
ビジネスのため最初からある程度売れる見込みのある
著名人の作品を出すのはわかるのですが、
小説を書く資格ってそんなに簡単でいいんだっけ？
というモヤモヤがあります。
もちろん本当に筆力がある人もお見かけしますが。
実際に小説家として生計を立てている方から見て、
彼らはどのように映っているのでしょうか？

A――ピアノは技術がなければ弾けないし実際リストは弾けない。しかし好きになら弾ける。音は出せる。トランペットは吹き方を知らなければ音は出ないけど何か叩いて音を出すことは出来る。「資格」なんてとんちんかんをいうのは門番だけでむしろ小説は「資格」を剝奪する。解き放たれたものを小説は求める。わたしたちはその小説の要請に反応したおもしろいものを読みたいだけだ。オランウータンが書いたものでもＡＩが書いたものでも書くのは人間じゃなくてもいい。ＡＩの正しい活用だと思うが、まだ人間はＡＩが書いたエンタメならともかく詩は気持ち悪い。あんなものは所詮道具なのだからあれこれ実験したらいいのにまだ門番は人間にこだわっている。人間どころかその出自にもこだわっている。人間に向かう人間のためだけに存在する小説の速度に人間が追いついていない。

子どものころ読書感想文は得意でしたか

Q――長い文章を書く作家の方、学者の方は小学生や中学生の頃の読書感想文は得意でしたか？
わりと本を読むのは好きなのですが、
いざ読書感想文を書けと言われてもうまく書くことができないのと
「ただ楽しいから本読んでるだけなんだよなぁ」と思ってしまいます。
読書感想文のコツなどあれば伺いたいです。

A

「ただ楽しいから本読んでるだけなんだよなぁ」というそれがまさにあなたの感想だったのだからそう書けばよかった。問題はそうは書けなかったことの方です。どうしてそれが書けなかったのか。「感想というものを書くのが嫌だ」と書いても良かった。それが感想だからです。もちろん教師はそれは認めない。おもしろいじゃんという人もいるかもしれないけどだいたいが認めない。教師はそれが「読書後感想文」だということがわかっていない。わかっていないから認められない。だから書かない。間違えているといわれるからやらない。なのにコツを聞こうとしたりする。そしてまた「コツはね」と教えたりするやつがいる。この仕組みが「正しい感想文」という誰が作ったか歪《ゆがみ》を相変わらず強固にする。感想なんだから何でもいいんです。感じて想うことなのだから、そして本を読んだ後にそう感じ想ったことなんだから朝食べたパンの話でも読書後感想文です。本のことを書きたいやつは書けばいい。批評したらいい。そうしたことの好きなやつはいる。しかしたとえばわたしはそうしたことが嫌いだからしない。窓外に見えているものについて書く。みんな違うんです。違いがおもしろいんです。というかそこしかおもしろがることなんてない。

登場人物が勝手に動き出すということはありますか

Q——小説を書きすすめるなかで、登場人物が当初のプロットとは異なる動きをし始めるような感覚に陥ることはあるでしょうか？

A——子どもの遊びを見ていたらだいたいそうです。はじまりはあるけど終わりは想像がつかない。途中で突然帰る子もいるし、泣く子もいるし笑って話せなくなるときもある。変な車が通ったりもする。虫がいたりする。猫が出てきたりする。似たのに憑依するとか降りてくるというい方もありますが、わたしはそのことこそが「創作」なのだと考えています。事前を簡単にこえていく状態。それが何によるのかはどうでもいい。天候かもしれない。スポーツ選手が「ゾーン」といったりしますがそれに似ているのかもしれません。準備がある程度整っていなければそれは来ないのですが、準備が整っていたってそれはいつ来るのかはわからない。だからそれの来るのを待つ人もいるし、いつ来るかわからないから常に動き続けようとする人もいる。もちろん中には計算通りという人もいるでしょうが、好みといわれればそれまでですがわたしにはそうしたものはつまらない。

一人称視点と三人称視点の小説の違い

Q——一人称視点の小説と三人称視点の小説がありますが、どのタイミングで「この小説は●人称視点で書こう」と決まるのでしょうか？　またそれぞれにおいて作品作りにどのような影響を及ぼすのでしょうか？

A

『白鯨』は一人称ではじまりますが、誰がしているのかよくわからない鯨の説明が延々と入ってきたり、主人公の乗った捕鯨船の船長が一人でいる場面（「わたし」がそこにいないのだから誰が見ているのだ？　となる）とかがあったりして、いわゆるルールと今されているものの中にはいない。百七十年前にはもうすでに小説は自由でした。カフカは『城』を「わたし」で書いていて途中で「K」にしたと何かで読みました。もしかしたら死後校正してたら混じっていたのかもしれません。そのままにすべきなのに勝手に「K」に統一しているかもしれません。山下清の文は勝手に句読点を入れられ改行され改悪されています。よく人称についてわたしのやり方が異様だから（わたしはそうは思っていませんが）あれこれ聞かれてきましたがわたしはそれにこたえるというよりされた質問の意図が理解できたことがない。一人称だろうが三人称だろうが何人称だろうが何も関係ないと思います。

小説と著者の人格は結びつく？

Q——スペインの文学賞でカルメン・モラというペンネームを名乗る女性教授の小説が受賞し、受賞式には三人組の男性たちが現れました。女性という人物設定でマーケティングをしてきた是非は置いといて質問があります。

小説と著者の人格が結びつくことの好影響・悪影響はどのように考えられていますか？

作品そのものの良し悪しが、著者のキャラクターに引っ張られて悪影響を及ぼすことがあるんじゃないかと思っています。

ちなみに作品のために私生活をあえて見せないようにすると語っていた俳優がいました。少しこの件と似ているかも？

A

わたしはつい最近もメルヴィルという人の書いた『白鯨』を読み直し、飽きたらアウグスティヌスという人の書いた『告白』というのを読んでいるのですがどちらも何百年、調べたらアウグスティヌスは千何百年も前の人でどんな人だったのかなんて書かれてあってもわかりません。その人間の人となりというものが意味を持つ、というか魅力となるのはほんとうに短い時間の話で、無駄だとは思いませんがわたしには興味がない。人間ということでいえばわたしたちがこだわるのはそこしかない。女なのか男なのかどちらでもないのかどんな人か時々柿を盗んで食っていたらしいよとかいう。作品は人間が書きますが（作りますが。ＡＩとかいうのはひとまず今は外して）書かれたときからそれは作品であり人間ではない。作品とは何かといわれたら、ただ邪魔だからとどけた石が（どけるのにそれなりに苦労はした、となるともっとわかりやすい）後世誰かの役に立ち拝まれる、というようなイメージです。結局邪魔な石にもなり得るし。ですからそれがＡＩでもたいした違いはたぶんない。

物語とはなんでしょうか

Q――私たちの周りには小説、映画、漫画などのエンタメ以外にも、個人の物語、はたまた経済活動の物語などたくさんの物語が溢《あふ》れていると思うのですが、みなさんにとって物語とはなんでしょうか?

A

「溢れていると思うのですが」とあるが、この「思うのですが」がわたしは嫌いだ。「溢れていますが」でいいじゃないか。今は「思う」流行りだから何だって「思う」と遠回しにする。流行る理由があるのだろうが今そこにいる象を指して「そこに象がいると思うのですが」とかいう。象を見に来ているのだいるよ。「そこに象がいますが」でいい。「それは象じゃない!」もしくは「そこに象はいない!」というやつがいたらそいつが変だ。しかし変だが話は別の展開を見せる。それは楽しい。「あなたにとって○○は何でしょう」ということよくある質問の仕方は何かを聞いているようで実は何も聞いていない。もしくは雑すぎる。このわたしの偏屈も何かの物語にそっている。それはしかしどんな物語なのかは知らない。知らないがあきらかに物語のなせる技だ。わたしは肉以外はすべて物語でできている。いや本能のない人間だから肉さえも物語でできているのかもしれません。

小説家が政治的発言をすることについて

Q――どの時代でも小説家が政治などに対して新聞や雑誌などへの寄稿を通して一言物申す動きがあると思います。これは小説家が世の中の動きを繙《ひもと》く力、正確に綴り伝える力に長《た》けているからなのでしょうか？ それとも何か他の力が長けていたり、別の理由があるからなのでしょうか？

A 作家はそもそもは「外」にいた人々だから野垂れ死に覚悟で反社会的な役立たずになれた。度胸のある役立たずはひとつの凄みでしたからその凄みが風穴になれたときもあった。しかし今は外は排除の時代だからそこらの誰でもが安心していえる各種「正論」を小賢しくやるか、いないよりましな安い殺されはしないアンチでいるかしかない。「わからない」ことを書かない。というか書けない。肩書きの威力も幻想が剝がされて何処の馬の骨が此処の馬の骨かとわかる程度でくその値打ちもないか、必要以上に意味を持つかです。質問者のおっしゃるイメージはもうほとんど機能していないように何につけ疎《うと》いわたしは思いますがそうでもないのかな。

これまでスランプはありましたか

Q——保坂和志さんが、山下さんのことを「何作か書いたら書けなくなるのではないかと思っていたが次から次へと作品を書くので驚いた」的なことを語っていたような気がするんですが、次の作品のアイデアが浮かばなくなって困った、などのスランプはあったのでしょうか？

A

わたしにとっての創作は筋力持久力じゅうぶんで山登りにのぞむというよりは、とくに鍛えたわけでもなく、なのに明日に体力を残そうとするのでもなく、あるだけのものをその日になるだけ全部使ってしまう、を毎日続けるというようなイメージです。創作においては「ネタに困る」とか「スランプ」とかいうのはまわりがいうことで、だからわたしには「完成度」も「良い悪い」もない。あの日の登り方はよかったなとか、からだが軽かったな、今日は重たかったな、怪我してしまったな、とかだけがある。そしてそれは軽い方が良いわけでも怪我しない方が良いわけでもなく、悪いわけでももちろんなく、ただそうだったというだけです。何食べていいのかわからないから食べずに死ぬことがないようなものです。ただその食べたものの積み重ねが寿命を決めたりする。しかしだからといって長い方がいい、健康な方がいい、というわけでもやはりない。太く短くでも細く長くでもない。太く長く。もちろん調整はいる。ただどうも調整は無意識にやらせた方がいい。結果、わたしは本を読んだりそこらを歩いたり人と話したりあれこれ考えたり書いてみたりしているだけです。気がついたらずっと歩いてるなあいつという感じです。とあらためて書いてみて、しかしよくそれでやれてこれたなとは思います。ただだからあまりそこに考えの深入りをしないようにはしています。考えはじめると緊張する。緊張すると滑落する。

文学は何に対して、何を与えるものだと考えますか

Q――「文学とは人に希望と喜びを与えるもの」と考える人もいますが、文学って何に対して、何を与えるものだと考えますか？

A――大きな質問というのがあって、たとえば「幸せとは何ですか」とか「人生とは」とか「文学とは」とかそういうやつ。聞く方は聞いた気になれてこたえる方はこたえた気になれるやつ。文学に何かあるとしたらそうしたものをしなくなる、できなくなるものだとわたしは考えます。誰かのことをよく知れば知るほどその誰かを外に簡単な言葉で語れなくなるように。

小説を書いているのですが……

Q――就職したことが一度もありません、
三十二歳男、生活は日雇いのバイトや家賃滞納、地方で暮らす祖母に会いに二万円使って帰省し、祖母から「新幹線代」として五万円もらうなどして暮らしています。

小説家になりたくて、途中五、六年の空白期間を挟みますが、二十一歳頃から新人賞に手書きで原稿を送り続けています。

一次審査すら通過したことがありません。

手書きなのはパソコンを買う金がないからなのですが、大学ノートに下書きをして、推敲をしてから、二十枚百円の原稿用紙に清書をする行為は、重労働すぎて気が狂いそうになります。推敲と清書が同時にできるパソコンがあれば、人生どんなに楽だろうと、いつも憎たらしくなります。

そこで山下澄人さんにお願いがあります。

いくら書いても誰にも認められない小説原稿を、湿ったティッシュといっしょに燃えるゴミに出し続けるぼくに、「そのまま死ぬまで書いてろ」と言ってくれないでしょうか。

死ぬのが怖いんです。
よろしくお願いいたします。

A ニーチェの永劫回帰によればあなたはその人生を何度も何度も繰り返してきたしこれからも何度も何度も繰り返すことになりますから、というのもわたしはけっこうそれを真に受けていて、あれを真に受けられると「唯一無二である今」という鬱陶《うっとう》しい呪縛が解けてなくなるんです。だって、次もまた来ますからね、その次もその次もこれまでも繰り返して来ている。なのならと肯定的になれるかどうかは人によるでしょうがふっと笑える瞬間は増えるような気はします。あの発明だけで偉人ですニーチェは。ちなみに永劫回帰をエントロピー増大の法則だとかを持ち出して批判する人がいますが大人げないというか賢いつもりが説明書きしか書けねえセコい脳だというか「だって人間増えてんじゃん。繰り返してんなら増えねーじゃん」で済むことぐらいニーチェはわかっていただろうよと高卒のわたしが思います。湿ったティッシュは余計です。しかしそうした月並みな余計なおまけを書く程度にはまだ嚙む爪があるのでしょう。興味はその先です。嚙む爪も無くなったときです。結局小説は才能じゃどうにもならない。才能がないのは幸運です。死ぬまで書いてろなんていう気はない。そういうのももう飽きたでしょ。誰もあなたの上じゃない下にもいない。

書き続けるということ

Q――私は山下さんとあまり変わらない年齢で、最近になって小説を書き始めました（詩のようなものは書いていました）。何度か文学賞に応募したこともありますが、まったくだめです。誰にも読まれることのない小説を書き続けることも、それはそれで素敵かもしれないと思う一方で、やはり書くからには仕事として書かなければ意味がないと思うこともしばしばで、何度ももう小説を書くことは諦めようと思ったのですが、やはり書きたいという思いは消えません。
このようなものを読まれて山下さんがどう思われるのか、教えていただけたらと思います（が、こんなことを書くこと自体山下さんに甘えているようで申し訳ないような気持ちにもなります）。

A

「書くからには仕事として書かなければ意味がない」という考えは外から来ています。質問者さんの中に元々あったものじゃない。外から来た。そして居着いた。似たのに「金はないよりあった方がいい」とかがあります。「つまらないものより面白いものの方がいい」とかもそうか。「ない」より「ある」、「つまらない」より「面白い」、「弱い」より「強い」が上の価値世界。跳ね返さなくてはならないのはそれです。何を書いているのか、どう書いているのかはどうでもいい。うまく書けるかもしれないし書けないかもしれない。「うまく」って誰がいうんだという話です。検閲を当たり前とした人々の大好きな「才能」みたいなものもあるかもしれないしないかもしれない。とにかくそこはどうでもいい。問題はその人間の、自分の中にいる「検閲」です。ほんとうにあれは無駄です。あいつはやる気を削ぐことしかしない。一見自分に厳しく良いことのように錯覚しますが錯覚です。その錯覚のさせ方がまた癪に障る。誰が考えたのか巧妙なシステムです。一人が考えたのじゃないシステムが編み出したシステム。最強です。やり方はどうでもいいのでとにかく跳ね返してください。跳ね返せなきゃ飲み込まれてしまいます。飲み込まれたまま終わる人はたくさんいます。終わるというのは死んだということです。飲み込まれたまま死ぬ。だから、死ぬともいっていい。ぐらいの話なのであればその部分だけどうにかしようとしてもできない。植え替えじゃやだめだ。土から替える必要がある。植える場所の選定から考えなくちゃいけない。替わればたぶんこのような質問はしなくなる。だいたい黙るようになる。それで自分でわかるはずです、置き換わったことが。わたしは本を読むしかないと考えます。ガンバッテクダサイ。

小説のおもしろさがわからなくても小説を書く作家はいますか

Q――小説のおもしろさがわからなくても小説を書く作家はいますか。

A

います。小説は自分が好きなら書ける。だけどそれには限界があります。どこかまではそれで行けてもその先へは行けない。そうなった時、小説家は小説を読みます。八百屋はあらためて野菜を見る。そしてこんなものを扱っていたのかと怖くなる。何だこんなもの、とするには相手は巨大ですから逃げるか向き合い直すしかない。向き合えば好きにならざるを得ない。縁はあったのですから。

批評の存在意義とは

Q――小説、映画といったクリエイターが作り上げたコンテンツに対して、批評家が投じる批評というものがあります。

この批評の存在意義に対してクリエイター、批評家の双方から考えを伺いたいです。

A

誰かが「何か」をする。それを別の「誰か」が見るなり聞くなり読むなりする。暴露する。そのとき起こる興味なり無視なり「それ」を何と言葉にしていたか忘れましたが映画監督のゴダールは「禁止取り締まることはできない」というようなことをいっています。「何か」をするのは取り締まれても感染は取り締まれない。評はこの段階で始まります。まだ閉じたものですがしかし評は思わぬ働きを見せる。ウイルスの動きに似ています。拡散し変異する。あっという間に収束してしまうこともあれば、パンデミックにもなる。それらすべては「評」によって起こる。行われた「何か」でではなく。存在の意義も何も仕組みの話です。仕組みが嫌なら盗み見られてはいけない。カフカは自分が死んだら原稿はすべて焼けと友だちに頼んだけど頼んだりするから焼かずに友だちは残し発表した。消してしまいたけりゃ自分で焼くべきでした。

小説の書き方

Q――今年にはいって不思議な体験をしました。毎日メモにおさめてそれを小説と呼んで書いていましたが正直自分の作品を小説と呼んでいいかわかりません。世に出すものという前提で、極力濁して書いていた部分も多少ありますが、書いているときはその見せ隠しが楽しくてそれが正解だと思って書いていました。天からメッセージが降ってくるかのようでしたので忘れないうちに書くことと言葉あそびの二つに過集中してました。今まで自分の小説を読み返しても自分目線で読むことができましたが、数日前に臨死体験をしてから明らかに違う目線で読み返しています。不思議な体験の二か月間以外のことを付け足すより濃い内容にしたいという考えもありますが、目線が違う私が編集をするといろいろ変わってくると思い、手をつけにくい状況となっています。小説書き始めの身で知識や知恵があまりないため、アドバイスをいただけたら幸いです。

A

小説を書くというのは、一日二日でも書きはじめの自分と違ってきてしまいます。大きな出来事がとくになくてもほとんどまったく違っています。もちろんいろんな考え方があるのでこれは「わたしの考え方」となりますが、その違っていく自分と折り合いをつけていくのが、実は誰も教えてくれない、小説の一つの事実です。たとえばわたしは書いて、読み返すともう違ってしまっています。次の日とかになるとそれは顕著です。ほとんど別の人間が書いたもののように思えるときすらあります。しかし間違いなく、たぶん間違いなく、自分が書いたものですから、塩梅《あんばい》を見つけようとします。書き切るにはそうするしかない。それが繰り返されます。変わり続けるのだから書き終わってからもそうです。どこかであきらめるしかありません。もうこれはこれで、という感じです。そうやって書き終えます。塩梅を探すのも探して書き切るのも小説の技術です。熱狂の度合いも、見え方も、考え方も、感じ方も、「変わらずにいる」というコントロールは不可能です。作品にするということは何かしらを「仕方なく定着させる」ということで、気持ちとしてはずっと書き続けていたい。書き終わらせなければならないという縛りをなくしてしまいたい。だけどそうなると誰も読めない。だからいつもどれも違うし、いやそれこそが「それ」なんだ、という真逆のものが常にぶつかり合い続けます。生きてきた時間を「今」から振り返り、やり直したいと思うか、まあいいかそれがわたしだと思うかというのと似ています。

書く前にプロットをつくりますか

Q——山下さんは小説を書かれる前にプロットなどをつくられますか？もしプロットがない場合、頭のなかには、何があるのでしょうか。書き出し？　人物？　書き出しは、あとから書き直したりされますか？書き直すことを前提に書き始められるのでしょうか。

A

プロット、あらすじのようなものと理解しますが、それをわたしは作らないのか作るのかがまずわかりません。何もないとは思えない。メモ書きのようなことをしたりしますが、あったことをだいたいは忘れている。あれこれ頭の中にあるともいえるし、なかったような気もする。煙にまきたいつもりはなくて、なるだけ厳密に思い出そうとしているだけです。いつも考えているといえばいつも考えているけどそれはこんなお話にしようとかそういうことじゃないから、何を考えているのだろう。書き出しも、その後も、「濃度」に違いはないので書き直しはどこででも起きます。機械を使って書くから際限がないときもある。締め切りがあればその時間もないので走り切りますがそれがいいというわけでもない。どれがいいというわけでもない。書き直すことを前提に、ということもありません。いつもいつもそのときの全力で、しかし常にそうだから昨日の全力を今日の全力は否定する。わたしも含めて天気もどの星も何ひとつ止まっているものがないのだから何も前提にしないでいようとするのに、言葉にして固定しようとして、いつも書きながら、これも、動き回っていたものが死骸になっていく気がして、「やり方」というものがいつまでもわからなくて、自分がこれまでどうやっていたのかもわからなくて、こういう質問にすっと反応できない。

小説において〝誤読〟はあるのでしょうか

Q――小説において〝誤読〟はあるのでしょうか？
小説家が解釈や意図などを公にしない限り、
〝誤読〟は基本的にないと私は捉えています。

A

わたしの場合、書くときたまに絶対の手触りみたいなものがあって、誰某《だれそれ》と何処《どこ》へ行ったとかいう「事実」ではなく、何というか、だから小説にするしかないのですが。それがあるときは書いている間中その絶対がわたしにあって、書かれたものはそのことを書こうとしている。だけどそれが何なのかわからないからわかりたくて道端を転がったり飛んだりしているようなものだから他人がそれを見て「あれはこうだからああなのだ」と正確に指摘できるとは思わない。というか絶対にできない。どうしていいのかわからずのたうち回るものの補助線、もしくは並んで走るでも交錯するでもいいのですが、そうしたものになるのはまた別ののたうち回りしかない。たちの悪いのは書いてから日を置いて、絶対の熱狂が冷めたあと「わたしはこうこうこういうことを書こうとした」と別の言葉に置き換え語ってしまうことであれはだいたい嘘です。たまに本当を話す人はいますが本当を話している人の話は見たり読んだものにとってはとても的外れに聞こえます。見る人はというか読む人は「見る」「読む」という行為に携わっている時点で奇跡的な共犯者で、お互いの目論見というのか、行いは、そこで完成している。何かの拍子で「何か」が「通じ合う」ようなことはあるけどそれは奇跡の共犯の上に咲いた、肩から出てきた毛、みたいなもので、あてにはできない。あてにするものじゃない。出会いとか縁とかに近い。なのでわたしもだから、「正誤」という考え方の型が小説においては成立しないと思います。

読者にわかるように書くということ

Q――小説を書くときに読者に読みやすいようにはなからわからないだろうと仮定してわかるように書きますか？

A

どう書いてもわかられてしまうだろうということをいつも考えます。わかられて、たとえばそれを別の言葉に置き換えられたとき、わたしまでもがそれを読んで「まあそうだよな」と思ってしまう。そのことに注意しようとしてはいます。ほんとうなら、ほんとうならというい方もどうかと思うけど、いちいち言葉を発明するのがすじでしょう。「赤」とされるものがあるとして、しかしそれはあなたが見ている赤とは違う。たぶん違うというかおそらく違う。だからわたしに見えている「それ」を命名しなければならない。しかしそうするとわたし以外はそれは、読めない。読めるように聞き取り理解できるよう「それ」を「赤」とするから交流されるとわたしたちは信じている。でもそれは嘘なんじゃないか。交流なんて不可能なのじゃないか。それは互いに閉じているというのではなく、不可能を前提にして奏で合う。

そういう思いがあるから面倒でも小説をやる。理想は書き合いたい。わかられたいとかわかられたくないとかを超えて膨大なそれらががなり合う。なのでわかるようにもわかられなくもできない、というのがわたしの反応です。

小説を書くときに主人公になりきりますか

Q――山下さんは小説を書かれるとき、主人公になって（なりきって？）書かれていますか？ それとも主人公を第三者として眺めて、でしょうか。実際は複雑な感覚なのではと思いますが……。変わった質問ですみません……。

A そうします、そうしません、こうします、とこたえりゃ済むものほど質問は難しい。なりきるのか観察するのか。なりきるというのはどういうことか、観察とは、となる。演技でよく「なりきる」と聞くがそんなはずはなく、わたしは昔いわゆる没入型といわれる、憑依型か、巫女みたいな「オオタケシノブ」がサリバン先生を演じたヘレン・ケラーの生涯を演劇にした『奇跡の人』を見たことがあるがヘレン・ケラーも誰も舞台から落ちたりしなかった。なりきっていれば落ちたはずだ。ならただ演者は自身も含め観察しているのかというとそういう風にも見えなかった。あちこちアザだらけになるだろうなと思いながら見ていた。別人のようだ、とよくいうが別人になっていたらどれがその役者か誰もわからない。そんなことはない。いずれにしてももっと別の言葉がそこには必要なのだけど「なりきる」という言葉ほどキャッチーなものはまだない。小説はもっと別の何かで、書くということはどういうことかを考える必要がある。書く前にもう書くことがあるのか、ないのか。あるというのはどういうことか。ないというのは。書きながら考えるのは書き方のことか。それとももっと違う地面の底がぬけるようなことか。こたえになっていませんがぜんぜん変わった質問じゃないし、あれこれ考えることができて楽しいです。

山下さんの小説を読むと眠くなりますが、また読みたくなります

Q――山下さんの小説を枕元に置いています。

寝る前に少しずつ読むのですが、だいたい四ページぐらい読むと眠たくなってしまって、しばらくは同じ行を重複して読んだりしながら眠気と戦うのですが、そのうち本を閉じて眠りにつきます。

半睡で読むものだからあまり内容の記憶もありません（だから同じ行を読む）。

しかし、私は不眠に悩んだ時期があったりして睡眠について神経質な部分があるので、
この、すぐに眠りにつけるというのはありがたいことなのです。

こんな、読後に何も残らないような読み方をして大変失礼なことかもしれませんが、お許しください。

山下さんの文章は、なぜかまた読みたくなる不思議な力があると思います。

質問になってなくてすみませんでした。

A それ以外の本の読み方ってむしろあるのだろうか。わたしはわたしの本がとても幸福な読まれ方をしていると思いました。ありがとうございます。関係ないですけど、あるけど、先日ゴダールが死んだとき、『勝手にしやがれ』が放送されていて見たのですが、昔見たことがあったのですが、そのときはうつらうつらしながら見たので、あんまりよくおぼえてなくて、だからはじめて見たように見たのですが、おもしろかったです。おもしろかったですが、前に、うつらうつらしながら見たときの方が、おもしろかった。ちゃんと見る、の「ちゃんと」をたぶんゴダールは信用していなかっただろうから、居眠りでもしながら見てよ、という感じだったのかもなと思いました。居眠りしながら見るとちょうどいい。ちゃんと読め、これならどうだ、読みやすいだろ、一気読みできるだろ、読み間違わずにいられるだろ、夜が明けちゃったってなるだろ、倍速で見ろ、それでもわかるように作ってあるんだ、頭使うな。ばかりな時代にだからわたしやゴダールは逆行しているのです。ゴダールは疲れたとかいって死んでしまったそうですが、わたしは生きていますし、他にもたくさんそうしたものらはまだ生きて、います。たくさん寝てください。

豊かな経験がなくとも小説は書けますか

Q――私は小説を書きたいと思っているのですが、
いくら書いても自分の書いているものが
貧しいものであるとしか思えません。
そしてその原因は私が外部へとその身を晒《さら》すことを
意図的に避けたためであると私個人では思います。
私は今までの人生でほとんど他人と会話をせず、
また自ら新しい体験を行おうともしませんでした。
それらよりも自分の考えや自分の存在ばかりを至上としながら、
それらを通して得られる経験を全て
インターネットなどで補うことを幼少期から繰り返してきました。
独りであることを極めればいつのまにか
独自性につながるのではないかという、
すでに独自のものが存在するような考えのもとに

このような行動を起こしていったわけですが、
そのように行動した結果が、経験も乏しく、独りよがりで、
とにかく豊かさがない表現（人間）しか生み出すことが
できないというものにつながってしまったのだと自分では思います。
ありきたりな、世間一般の人が思う安易なイメージとして
思い浮かべる「文学的」な文章や「これが小説である」といつの間にか
勝手に自分の中で定めてしまっていた小さな枠組み、
境界の中に留まって、その中に僅かに残った卑小な経験やら
知識やらをなんとか「小説らしい」（であるが故に小説には決してなり得ない）
表現を作って取り繕うというような、小説の自由性を信頼していない、
小説もどきのものしか書けません。より具体的に例えば二人以上の会話は
どのような言葉が交わされるか、そしてどのような会話が動いてゆくのかが
まったくわからず、機械どうしの会話のような、生き生きとした感触が
まったくないものになってしまいます。
会話以外の表現も、経験の不足や語《ご》彙《い》力《りょく》のなさから
同じような表現を何度も繰り返したようになり、

まったく豊かではない表現が続いていくようになっています。これらすべてが外部との接触を限りなく避け、インターネットなどの代用品で手早く接触をしたつもりになっていたために起きているように思います。やはり私のような外部との接触を断ってきた人間には小説は書けないのでしょうか？特に小説家の方にお聞きしたいのですが、個人の才能や小説を書く必要性は別にして、小説を書くにはそのように他者や豊かな経験などの現実に直接的に出会った外部が必要であると思いますか？、逆に言えばそれらがなくても小説は書けると思いますか？

A

どれだけ一人で閉じこもろうと、赤ん坊のうちに狼にでもさらわれて育てられたりでもしない限り、知らないうちに刷り込まれたさまざまがなければわたしたちは今いわれるところの「わたし」にはなれないらしい。しかしだからわたしたちは「言葉」に使われる（使うのじゃなく使われる）ようになるのですが。狼に育てられた子は人間に保護されたらすぐに死んだといいます。調べもせずに書いていますがわかる気がする。すぐ死ぬのが。とにかくそうして仕上げられたものが「わたし」です。そしてそれを「まずはそうなのだ」と知っておくことは重要です。あなたの問題（問題でもないけど）はですから人と交流しないからだとか、外へ行かないからだとか、が問題なのではなく、その「これではいけないんじゃないか。だからだめなんじゃないか」の反省方式というか、その仕組みへの疑いのなさです。なぜこうもつまらないのかが問題というよりは、それをなぜつまらないというのかの問題というか。「わたし」の外には出ていけないという絶対とされているらしいルールをわたしは最近疑っていますが、しかしそれでもまずは飛び出すためにもその「わたし」をフルに活用する馬力はいる。「想像力は死んだ、想像せよ」といったのか書いたのかベケットの言葉とされていますが、あなたにしか立ち上げられないものを立ち上げるためには何もないところからはじめるしかない。準備はそうしてするしかない。手ぶらにするしかない。あとはその身体がどう動くかです。それはもう誰にもわからない。「それらがなくても小説は書けますか」に対してわたしはだから、書けます、とこたえます。

3

関わること

周囲より遅れている自分が恥ずかしい

Q――私は今、諸事情により二年ほどいた大学を中退し、アルバイトをしながら通信制の大学に通っています。しかしながら、周囲より遅れている自分が恥ずかしく、本心から話せません。なので交友関係も絶っています。会話をしていてもコンプレックスをずっと感じ、終わった途端卑屈になってしまうからです。こうして書いている今も、自分の悩みが青臭い世迷い言のように思えて、何を考えているのかわからなくなりそうです。生きていると、このように自分の未熟さに嫌気が差すこともあると思いますが、どのように向き合えばよいでしょうか？

A

劣等感という言葉が大嫌いなのですが政治家のいう「スピード感」「緊張感」と似ていて。劣等なのかスピードがあるのかないのか緊張しているのか「感」をつけるから何なのかよくわからない。「わたしは劣等です」は清々しいが「劣等感があります」となると何だこいつとなる。「周囲」というのはたぶん実在する何かを使用した仮想敵のようなもので、あなたがあなたの考える最強を設定するのだから常にそれは「あなた」を上回る。あなたが思う「あなた」をですが。複雑ですがあなたが思う「あなた」は「あなたが思うあなた」であってあなたじゃない。他人が見るあなたが「あなた」だといいたいわけでもない。誰も（あなたも）あなたを（に限らずなんぴとも）捕まえることはできない。苦悩は趣味なので飽きるまでやめない。真に受けて言葉を投げても楽しんでいるあなたには届かない。冗談じゃない楽しいはずがないときっというと思いますがそれすら楽しんでいる。飽きたらやめます。もしくは歳をとり体力が目減りするとしなくなる、というかできなくなる。仕組みに気づいたらそんなことはあほらしくて続けていられない。あなたが劣っているという意味ではなくばかなんです。拗《こじ》らせて固くなって変な塊になってしまう前にさっさと飛び退いた方がいい。支配するものの思うツボですよ。

学生時代にあまり勉強してこなかったけれど学び直したい

Q――学生時代にあまり勉強してこなかったため、大人になった今、教科によっては小学生の範囲から勉強し直しています。

自宅で勉強していると、家族（主に両親）からバカにされることに悩んでいます。〝相手にしなければいい〟ということは頭ではわかっているのですが、昔勉強してこなかったことによる後悔や罪悪感、今さら学生の勉強をしなければならないほど教養のない自分の惨めさ、などをたびたび突きつけられている気がして、自己嫌悪に陥ってしまいます。どうメンタルを保ちながら学び直しを続ければよいか、ご教示ください。よろしくお願いします。

A

気になるその「邪魔」から逃げるのではなく、もうこれ以上気にできないというところまで行くべき。何がどう気になるのか、なぜそれが気になるのか、気になるとは何か、気とは何か、奴らはどうして邪魔（気になること）をいうのか、その原因は何なのか、何が奴らにそうさせるのか、相手が複数ならそれは一人一人違うのか、同じなのか、同じならなぜ同じなのか、違うならどう違うのか等々を、書き出し緻密に一つずつ検証する。検証中に新たにあらわれるあれこれももちろん吟味する。もうこうなるとほとんど勉強です。そしてそれがひと段落ついたら頭の中でのやりとりをやめる。「昔勉強してこなかったことによる後悔や罪悪感、今更学生の勉強をしなければならないほど教養のない自分の惨めさ」と書かれているこれ。これをやめる。これをする人はこれが好きだからなかなかやまらないがやめる。問答無用に左右の脳の連絡通路を遮断する(イメージです)。そこらあたりでだいたい「邪魔」に飽きています。見切っている。のんびり勉強してください。

上司が教養や知識を盾に見下してきます

Q――わたしの上司は本が好きで教養も知識もあり弁が立つので、
ある面ではそれが活きてご立派なのでしょうが、
その自信からなのか他人のまえで気取ったり見下したり、
マウントをとって相手を困らせるどうしようもないやつです。
情けないことに私は言葉に詰まるし、頭の回転も早くはないので
上司の恰好の餌食でして、たしかに私も一般教養云々には疎いところがあり、
そこを突かれるとなにも言い返せないのですが、
上司はカフカを読んでないようなやつなので、
内心ではお前が出直せよと思っています。
それが私の態度に出てるのか、上司もそういう機微には敏感で、
さらに攻撃を重ねてくるという顚末です。
現実では私がバカ扱いなのでムカつくけれど、
教養を道具みたいに扱ってる浅ましいやつが威張ってる社会って何なんでしょうか。

A

どこかで演劇のワークショップをした時、休憩にたばこを吸いに出たら参加者の一人が近づいてきて「芝居って難しいですよね。芝居っていったい何なんでしょう」といってきた。そして自分たちのする劇団か集まりのどうしようもなさを嘆いた。たまにそれをいう人がいる。○○って何なんでしょうか。いう人はだいたい眉間にしわをよせて笑ったような怒ったようなうんざりしつつ快感めいた顔をしてそれをいう。しかしあれは罠だとわたしは知っていたから何も話さなかった。あれは罠だ雑な。反応したとたん不毛な興奮がはじまる。先生はねこたえを知っているよ。「○○って何なんでしょうか」は質問じゃない。それは何も聞いていない。聞かれていないからわたしは思いついたことを書いている。○○が何かは自分で考えるしかない。合っていようと間違えていようと関係ない。自分で考え続けるしかない。考えることはそれしかない。そんなくそ上司なんかどうでもいい。カフカはおそらく○○を考え続けた人だ。しかし○○が何かなんて書かずに、書く気もなく、書かないからこそ、あれら膨大なものらを書いた。カフカは『審判』(最近は『訴訟』とされていたりする。どっちでもいい)の一章の冒頭を友だちに朗読したとき笑いすぎて朗読にならなかったらしい。何の罪かもわからず逮捕される場面のことだろうか。ラスト、主人公は処刑されて「犬のようだ！」と叫ぶのかつぶやくのかするが「人間のようだ」でいいと思う。だけどそれじゃあ意味がわからなくなる。だからやっぱり『城』はすごい。

他者と共に生きるとは

Q――共に生きるってどういうことか、よく考えます。

老夫婦が目が見えない、腰が痛い、膝が痛いといいながら文句を言ったり心配し合ったりするのを見ていると、現代の人の付き合い方とはかなり違うような気がします。

彼らはパートナーとか、戦争とか老いとか、どうしようもない部分を引き受けて生きているような気がします。

そこで、わたしは「わたし」と他者を同時に含んでいて、ままならないまま何とか歩いている。戦争について聞くと、もはやわだかまりなく他人事のように話します。

大学の友達やマッチングアプリの付き合い方を見ていると、自分は他人のいい部分だけを取り出して、人をとっかえひっかえ渡り歩ける、

私たちは自由だ、みたいに考えてるんじゃないかなと感じます。

私もそうかもしれません。しかしそんなものでしょうか。

一時の付き合いならいいのでしょう、
でも「わたし」の中の他者とは
付き合い続けなければならない、とも思います。
そしてその、何とかやっていくこと、どうしようもない苦しさを
脱色していくことはどういうことなのか、ずっと頭にあります。
ちょっと整理しきれないのですが、どう思いますか。

A

質問の「老夫婦が（中略）文句を言ったり心配し合ったりするのを見ていると、現代の人の付き合い方とはかなり違うような気がします」を読んで思い出したのが、わたしは小さい時、祖母の家にじいさんがいて、祖母の家にじいさんがいればそれはおじいちゃん、祖父だと疑いもなく思い、そう呼んでもいたのですがそれは赤の他人で祖母の彼氏でした。そのじいさんには妻子もいて、それもかなり近くにいて、そうしながら祖母と暮らしていたのでした。祖母は口も悪いしきついのにとても優しいじいさんで、なのに父や母がやけにじいさんに冷たいなぁと思っていたのであぁそうかと納得したりしましたがしかしそれでもじいさんに冷たかった父や母は狭量なやつらだったと今も思います。その見かけたお二人も夫婦かどうかはわかりませんよ。わたしの中の他者とか他人とかそんなことよりもわたしはとにかく気圧の変

動にやられるので養老孟司さんのいう「わたしたちも環境だ」というのがおっしゃっていたことの意味は違うのかもしれませんが痛感しています。わたしも他人もわたしの中の他者もくそもわたしは低気圧感知装置ですから。わたしの吐いたつばの上に他人がつばを吐いてそれらが混じるともうどれがわたしだかわからなくなりどれがわたしなのだろう。というか何であれわたしはわたしから出るとわたしに嫌われるようで抜かれた歯など不気味ですもんね。足とか切られたらどうなんだろう、やはり不気味か。

徒党を組まないと偉くなれないのでしょうか

Q――「徒党を組まないと偉くなれないよ」と人に言われることが多いです。

信頼している人にも言われます。

信頼していない人にも言われます。

あまりにも多くの人が言うので、
その通りなんだろうなという気がしてきました。

それだったら偉くならずに徒党を組まずにひとりで好きなことをしていこうと思うのですが、
ほんとうに徒党を組まないと偉くなれないのでしょうか？

評価されることに未練たらたらで未だに疑問に思ってしまいます…。

山下さんはどう思われますか？

A

偉くはなれないというか徒党も組めないようなやつに上になられるとみんな困ると思います。友達も仲間も子分もいないような総理大臣とか嫌じゃないですか。徒党も組まずそれぞれが孤立する世界なら総理大臣とかいらないだろうし。評価ってだから簡単なことのように思います。他人が求めることをすればいい。やりたいことが他人もやりたいことという人ならたいした苦労もありませんが、しかしそうではない、「わたし」は他人が望むそれをしたくないとかいう「わたし」なら、そしてその「わたし」を大事にしたいならそのゲームからは降りるしかない。一度だけ「評価される」を経験してみてその味を体験してみるというやり方もあるし。もちろんやれないことはやれないのでやれることでそれをするのですが。何がやれて何がやれないかはそれは自分で考えて、できれば簡単にやれることが良いように思いますが。がんばっちゃうと恨んじゃう。いずれにしてもたいした話ではないようにわたしは思います。

小説家は人が何を考えているかを推論するのが得意ですか

Q――小説家の皆さんって、登場人物に一種の「憑依」をしてストーリーを書いていかれるのかなと勝手に思っており、ということは、人が何を考えているかを推論するのが得意なのでは？と考えることがあります。

自分は人が何を考えているのかがぜんぜんわからなくて、的を射た話ができなかったり、時には相手を傷つけたり嫌な思いをさせることがあるのですが、どうやったら、その人に「憑依」して、考えていることを推論できるのかを聞いてみたいです。

A

人が「何を考えているか」どころか自分で考えていることさえわからない。しかしそれでも誰か相手、誰か、知ってる人でも知らない人でも、青い顔をしてお腹をおさえてうずくまれば「痛い」のだとはわたしたちはわかる。よく見ていた人ならもっと小さな変化の時だってわかる。目が見えてなくたってわかる。想像力とも違う。とにかくわかる。これは憑依と呼んでいいのかもしれない。しかし間違える。憑依してても間違える。「的を射た話ができなかったり」とあなたは書くがしかしあなたはちゃんと誰かに働きかけている。憑依しようとしている。それは「親切」ともいう。だけどだから「時には相手を傷つけたり」するし「嫌な思いをさせることがある」。問題は、相手の役に立たなければ正解でなければ「人の気持ちのわからない、だめなやつ」とされる、驚くべきことに自分でそうするその風潮というか呪いの方です。呪いは憑依働きかけを萎縮させる。そしてその呪いはそこら中に蔓延している。間違わせるのはむしろそれです。間違いが「間違い」なのではなく、間違いを「間違いだ」とする勢力こそが問題なのです。あなたの働きかけには何ひとつ問題はない。呪いなど蹴り飛ばしながらこれからも間違い続けてください。わたしもそうします。

母に寄り添いたい気持ちがあるけれどうまくいきません

Q――うつ病持ち、三十代女です。

この歳になっても母親とうまく向き合えません。

私は歳をとってからの一人娘ということもあり、恐ろしいほどの愛情を注がれて育てられました。その反動なのか、婚約者を紹介しようとしたとき、母は難癖をつけ怒鳴り、以来私との連絡を遮断するようになりました。

そんな母が最近また電話をくれるようになったのですが、陰謀論に嵌《はま》ったようで、通常の会話はほとんど成り立たず、口にするのは支離滅裂な妄想ばかりになっていました。

私の言葉は耳に入りません。私と母は別の人間なのだから、お互い好きに生きればいいいし、母の信じるものや考えを私は否定できないのだと何度も思いました。でも、高齢になるほど頑《かたく》なになり、積もり積もった満たされなさ、死の不安や寂しさに飲み込まれて、四六時中パソコンを見るしかないのかと思うと胸が潰れそうです。母に寄り添うことはできないかと、何度も対話を試みては心が折れます。その試みも自己満足のように思えてきます。大袈裟かもしれませんが、家族や人生のどうしようもなさに改めて絶望します。それでもまた普通に会話をしたいと思うのは阿呆でしょうか。

A

あほとは思いません。切実だなと思います。しかし生きている限り（どちらかが）その応酬は終わらないように思います。生きるというのはそういうこととわたしたちは教わらずに、もっとよいはずのもの楽しいはずのもの、と思い込まされていますからおそろしく耐えがたいのですが、その切実が実際のところせかいのひとつの素顔なのでしょう。そのせかいにおける「わたくし生（わたくしせい、わたしが今思いついた造語です）」を唯一無二とするか、掃いて捨てるほどあるありふれたもの、とするかは気分次第でやり過ごしふっと忘れた時は気が楽だとする。たまにはこう見たらこう見えますよ的なものも活用しつつ。作家のサミュエル・ベケットは「続けられない、続けよう」といいました、書いたのか。正確にはそうだったかどうなのかわたしの圧縮合成か、ならその元となる記述は何のどこだったたか忘れたし面倒なので調べませんが。わたしは好きな言葉です。

ちょっと違うなと思う職場の人と
うまくやっていくには

Q――私は今教師をしていて、子どもたちを複数の担任で見ています。
教師として働くのは今年十五年以上振りです。
子どもたちはとても可愛いです。
ですが、一緒に組んでいる先生について、
概《おおむ》ね子どもの見方や考え方は私と似ていて
初めは「この先生良い！」と思っていたのですが、
少し気になるところが出てきました。
ここは今叱るべき、今はこうすべき！　ということを思ってしまうのです。
その先生はクラスの主任なのですが、他の若い先生を育てようとしないので、
私がその若い先生を褒めたり、若い先生の力が至らないところは
フォローに入ったりしています。
そんな方と今後も一緒に子どもたちを見ていくためには、
どうしたらいいでしょうか？

A アルバイトをしていた頃、最初に親切にしてくれた人になつくと、その人がとんでもなかったということがよくありました。他人はよい人であってほしいというわたしの勝手な願望がよくそれを起こしていました。なんだほんとは違ったのかとかそういう「実は」とかがわたしはすぐに面倒くさくもなるので、もうその人は「よい人」ということにしていました。するとだんだん最初の判断もあながち間違いではなかったという局面がたまにあらわれたりします。たまにですが。親とかそうですよね。選べない。あきらめる。親であっても、ましてや他人なら、一生一緒にすごすわけでもない。そんな感じでいいんじゃないでしょうか。

他人に嫌なことを言われてうまく言い返せなかったとき

Q――他人になにか嫌なことを言われて、うまく言い返せなかったりしたあと、一人で歩いている時などに、その人に罵詈雑言《ばりぞうごん》を浴びせ、肉体的にも暴力を振るってしまう妄想が止まらなくなり苦しいです。その人とは言葉では理解し合えないと思っていて、話して伝わることを諦めてしまっている節はあるのですが、暴力を振るう想像をすることで罪悪感も生じ、結果的にひどく消耗してしまいます。その人とは今後も仕事をしていく必要があり、一体どのようにしたら、疲弊せずにやっていけるでしょうか？私は二十九歳男性、相手は同い年の女性です。

A

「どう思っているかが問題なのだ」としたのはいつからなのか。あれは大発明です。思うだけで罪。とてもよく出来た仕組みです。あなたはたぶん書かなければよかった。言葉にしてしまうことであなたは「あなたの中に起きたこと」にあなたがしてしまった。黙ってたらいい。みゃーみゃーいわずに黙っとく。黙って中で暴れ回る「わたし」にじっと驚いていればいい。字にしない。するなら腹を決める。思ったことをやるやつなんかほぼいない。たまにいるあれらは希少種です。例にしてはいけない。わたしたちの多くは、というかほとんどは、しない。なのに「した」やつにばかり注目する。ばかなんです。罪悪感は金になる。しないことにフォーカスするべきです。だからこれはなかったことにしてください。あなたは何も書いてない。わたしは読んでないしこたえていない。ここに残ってたって関係ない。知らない。相手との関係はそれはもう自分でどうにかしてください。

遠距離恋愛をしている相手に自分以外に気になる人がいると言われました

Q――遠距離恋愛をしている相手に、自分以外に気になる人がいると言われ、どうしたらいいかわかりません。別れるのか、関係を続けるのか、はたまたそれ以外の選択肢があるのか。

一年で、遠距離恋愛を終わらせて相手のところへ行くつもりです。その間は待っていてほしいと伝えました。

しかし、本当にこれでいいのだろうかと疑問があります。

私が、相手を引き止めてもいいのだろうかと、相手の幸せを考えるなら身を引くべきではないだろうかと考えてしまいます。

遠距離ではないときも同様のことがありました。

悩んだ末に、相手が幸せになるならばと別れる選択をしました。

しかし、相手がモラハラをするような人間でその後復縁しました。

今回も同様に考えて、前回のような轍《てつ》を踏みたくありません。

しかし、想いが揺らいでいる相手をそうやって繋ぎ止めていいものかわかりません。
また、私自身は、相手のことを一番に考えるべきだと思ってはいますが、
それはそれで自分の気持ちを踏《ふ》み躙《にじ》ることでもあるので、相応に辛いです。
ただ、辛いのは、辛くても付き合う選択を選んだ自分のせいだとわかっています。
相手のことを一途に思おうという覚悟をしていただけにダメージも大きいです。
相手の言葉を信頼してきましたが、それにも裏切られたと感じてしまいます。
私が勝手に信頼したことなので裏切られたというのも
間違った表現だとは思いますが……。
よく、相手に、好意があるのか不安がられていました。
それが起因で別れようと言われることもしばしばありました。
私としてはその不安をかき消すために、愛情表現に尽くしていたつもりですし、
一途に相手のことを考えるようにしていたのですが、
その相手にそれを自らが裏切るようなことをされて、
人間が信じられなくなりそうです。
私が至らない人間なのは重々承知しているつもりですが、
それでもやはり耐え難いものがあります。

蛇足ではありますが、相手に自分を信じてもらうために自分には何ができたのでしょうか。

信じてもらうために無理をすることもありました。

それでも、だめでした。そもそも自分という人間に人を愛するということ自体が無理なのかも知れません。

乱雑な質問ではありますが、お答えいただけると幸いです。

A

ふられただけだぞしっかりしろ。ふるのに相手に理由なんかない。ふられる理由もない。何をしたとかしてないとか関係ない。反省しても仕方がない。反省するのが好きならすればいいけど、それは次には一個も活かせない。途中で一度ふられて相手が別の人を好きになってだけどその人が「モラハラ」で復縁したとあるからあなたは「モラハラ」もしないんだろうし、知らないけど、暴力を振るったりということもないのでしょうが、そういうことも関係ない。いいやつだからいいというわけではない。その理不尽。人間のダイナミック。感心してあきらめるしかない。

苦しい日々の生活から逃げたい

Q――父親は、子どもの頃から教育のためにと暴力を振るう人でした。両親は過干渉で、そこから逃げるように結婚しましたが、旦那に愛情が無くなり、結婚は失敗しました。正確に言えば、旦那との生活は、ある日突然破綻しました。父親が病気で寝たきりになり、動けなくなりました。育てられたことに感謝はしていますが、介護の荷は重く逃げたい。しかし、旦那からも両親からも逃げられない。日々の生活から逃げるために、婆婆には何が出来るでしょうか。

A

そんなことといってたらひっかかっちゃいますよ。どうにもならないことを「どうにかなる」というと金になりますが金になるのはそれをいった人だけでいわれた人じゃない。だけど聞く人はそんなたねあかしが聞きたいわけじゃない。手品を見ていたい。偽のものだけ見ていたい。そのゲームが好きなのだから仕方がない。そのうち死ぬからそれまでのしんぼうだ。だけどそのことに気がついてしまうとさっさとそこから退いたりもする。つまらないですから気がついてしまうと。そうさせるのが文学だとわたしは考えているから、ベケットを読んでみてください、カフカを読んでみてくださいといいます。生きていくことに自信がなくなります。自分の立つ場所が荒野だとあきらかになり呆然とします。誰もがそうだとそこには書かれている。冗談じゃないよと放り投げたくなるようなことが、人間にだけ理解できることが、書かれている。文学は人間だけの味方です。頼ってみてください。

どうしたら人に優しくなれますか

Q——なぜ、山下さんはそんなに「自分」を持っているのですか。持っているつもりはないかもしれませんが、私には山下さんがとても自分とはなんなのかわからないながらも自分の言葉でお話しされているように思えます。というか、なんというか、うらやましいです。好きに生きているように見えるからということももちろんありますが、「好きに生きる」ってなんなのかわからないんです。わがままになりたいわけじゃなく、自分を取り巻く現実だと思っているものを取っ払いたいわけでもなく、なんか、なんとなく不自由なんです。自分を変えたいと思ってしまうんです。でも変わらないんです。正直この場で何が聞きたいのかもわかりません。なんでもいいんですけど、なんか聞きたいんです。なにか言ってほしいんです。愛が足りない、だけでしょうか。愛を知りません。自分を知りません。自問自答でやめとけばいいことを打ち込みました。

結局、自分は他人に優しくないのです。
どうしたら人に優しくなれますか。

A

人間の悩みですよね。好きに生きるもそうでないもとくに変わりはないとわたしは思います。よく見てみると差のような違いのようなものはある気もするけれど、大きいとか小さいとか百メートルを十二秒で走るとか九秒で走るとか人に頼りにされるとかされないとか。しかし走るのと車椅子といざるのと動けないのと何がどれほど違うんだというか、全然違うじゃねえかとわたしはもう強く思えない。運が良ければ悪ければ、平均的（なんだ、平均的って）な流れをいうのなら、いつかにその（この）からだに生まれて（生まれたおぼえはありませんが）、しばらくして物心がついて（その記憶もありませんが）、夢で見たような断片を抱えながら折々に「わたし」に気がついて、ついた気がして、肉のあちこちに変化が起こり、ある時まではそれを成長といい、ある時からそれは老化と呼ばれ、どこかで病を得たりして、どこかで死ぬ。誰もがそうだし、そうした者同士が交錯したり、そのことでまた人間が生まれたり、離れたり、ほとんどは出会うこともないのだけどいずれにしてもそのサイクルから逃げられるものはいないから絶対にその外に立てない。中にいながら「とかいいながらしかしこれは」としたりする、というか、無駄に大きな脳を持ってしまったわたしたちのすること、出来ること、するしかないともいえることだからあらゆる手を考えてわたしたちは打ちますがほんとうは一日も早くああだこうだいってないで「現実」に触れたいと思う。しかしそれはたぶん死ぬ時だろうから、びっくりしてうんざりしますが。まずは「死なない」を唯一のルールとするしか、しなくてもいいけどそうしないとやり取りが遮断される、遮断はだめだというよりつまらない、このやり取りのようにやり取りになってんのか？　とかおもしろいじゃんだからそうするしかないじゃん。大丈夫、苦悩は歳をとっても続きます、なんなら増します。

親に死んでほしい

Q――山下澄人さんは子どものころ、親の暴力から逃げて絵を描いていたそうです。親に対する憎悪などを、感じたことはあったのでしょうか。また、親が死んだとき、解放される感じなどはあったのでしょうか。私の母親は現在六十で、憎んでるわけではないのですが、早く死んでほしくてたまりません。幼少期には虐待まがいの過干渉を押し付けてきた母親が、私は立派な親だけどアンタはダメな子どもだと今でも言ってきて、身動きできなくなるのです。

A
「私は立派な親だけどアンタはダメな子ども」というその六十のばばあは悔しいほどにパンチが効いている。そんな人にわたしもなりたい。驚いたのはわたしは年齢はそのばばあに近いということで、「ばばあ」とかいっているけど子ども同士のつもりで話していたのに突然裏切られたような気分です。裏切ったのはあなたじゃありませんもちろん。裏切ったのは宇宙だ。早く死ねと思うことも死んだときに喜ぶこともまったく何の問題もないし、思い切ってそう思えばいい。殺してしまうと罪になり刑務所にぶちこまれるからそれは癪《しゃく》に障《さわ》るでしょうし。少しずつ塩を多めに入れるとかという手もありますね。たまたま親になっただけでいばってんじゃねぇよ。だいたい育てろよと頼んで育ててもらったわけでもない。そもそもがセックスの果てだろうがよ。すけべ。親想い子想いの絵に描いた餅みたいな仲良し親子の理屈に飲まれないでください。やつらはたまたまうまくいったことを「普通」としているばかなんですから。わたしは憎みもしていないし、なら愛していたのかと聞かれたらそれを聞いた奴の顔をじっと見ます。もう忘れたし終わったこと。いつか終わります。お疲れ様です。

どういうふうに人と付き合っているのか

Q――本だけ読んでいれば幸せだが、人と付き合っていかなければと、誰かに言われている気がするし、そうする方が真っ当だと感じる。山下さんはどういうふうに人と付き合ってるのか。付き合ってないのか。他人などどうでもいいのか。聞きたい。

A そうした方がいいしない方がいいという「声」や、相対的というのに興味がないのでわたしが他人と付き合っているのかいないのかはわかりません。〇〇日に〇〇と会ったとはいえるし、昨日△△にメールをした、来週△〇と会う、とはいえる。十日誰とも会ってない、来月誰とも会う予定はない、とはいえる。どういう風に付き合うかは当たり前だけど時と場合と相手による。適度な距離とかいうのもよくわからない。他人をどうとも思っていないのか、そんなことはないのかもわかりません。知り合いの他人は百人はいないけどたぶん数十人はいます。しょっちゅう連絡をとりあう人は数人います。二、三人です。本も読みます。

人見知りな人にどんなふうに話しかけたらいいですか

Q——人見知りな人にどんなふうに話しかけたらいいと思いますか？
僕も人見知りなのにわかりません。僕はその人のことが知りたいです。
僕の知らないその人を知りたいし、その人の知らないその人を教えてあげたい。
わかった気になるのはもう嫌で、熱のこもったやり取りをしたい。
だけどその人の意志の前に立ち塞がるようなことはしたくない。
一体どうしたらいいですか？

A

こういうことって字にして考えることではなくて、実践しかなくて、それは自転車の乗り方のようなもので、だから字にせずやってみるしかないと思います。字にしてると変になる。「僕の知らないその人を知りたいし」これはまだいいけど「その人の知らないその人を教えてあげたい」これは何だか偉そうだし余計なお世話だ。読んでるだけで腹が立つけどあなたにもちろん悪気はない。臆病なだけだ。書くからこうなる。書くから臆病を増長させる。開き直らせる。誰でも字はまあ書けるから言葉も書けるだろうと勘違いしている。書けねえんだから書いて間違えないよう書かずにやるのがいちばんです。

好きな人に素直な態度がとれない

Q――僕はずっと奥手だったのですが、三十にして初めて彼女が出来まして、これは勇気を出して自分から告白をして付き合うようになったのですが、やはりその後も奥手が治らないというか、相手にどう思われるかを気にして素直な態度が取れず、どこか緊張して、それが相手に伝わって、「好きにしてくれてええんやで」とか言わせてしまう始末です。

最近は愛想を尽かされたのか相手からの連絡も極端に減りました。

自分は「優しさ」が取り柄の人間だとこれまで思ってきたのですが、彼女に対するそれは、自分本位の、相手に嫌われたくないが故の言動でしかなかったんじゃないかって、自分が嫌になったりしています。

変わらなくてはと思います。結局は、自分に自信がなくて自己肯定感が低すぎるのだと思います。

自分を愛せない人間が人を愛せるわけがないと聞いたことがありますが、やはりそういうものでしょうか。

相手を好きなのに、素直な感情を表すのが難しいです。

A

なんだ。新鮮だな。知らねえよ、と普段なら済ませてしまうが楽しいから考えてみた。わたしは子どもの頃よく電車やバスの中で「ああここにいる人たちはみんなわたしも含めて百年後いないのだな」と思っていました。今も思います。人間時代はそれくらいで終わる。今から百年前のこの質問が「声」だと、人間時代のあなたからの声だと、そのように読んでみてください。どうでもよくないですか。とてもいいと思いませんか。入院した時、朝早く太陽の光のさしてくる時間を狙って談話室にわたしは毎日いたのですが、同じ時間に必ずいくつもの点滴をぶら下げたニット帽の女性がいて、おそらく末期癌だったのだろう、いつも電話をしていて、しかし相手は朝早いし仕事へ行かなきゃだしいい迷惑なんだと聞いていてわかる。そのことは女性はどうもわかっている。もうすぐこの人は死ぬし無視するのもどうかと思うし、と相手が思っているであろうと知っている。つまらないどうでもいい話をくどくどと切実にしていた。電話する余命いくばくもない人間と、きらきらした朝日と、夜勤明けで疲れ果てた看護師が通る。それを眺めているわたしも含めてとてもよいと思った。命短し恋せよ乙女といわれたところで今のこれはどうにもなんねぇんだよということもまとめて全部、とてもいい景色だと思います。とわたしの態度は基本的にこうなので具体的なアドバイスなど何ひとつできない。

自分と無関係な他人の怒りに反応してしまいます

Q——私は、余所《よそ》で怒っている人をとても気にしてしまいます。あるお店の中で食事をしていると、となりの席でクレームをする人がおりました。その人はとくに大声を出すこともなく、説教交じりの文句を店員にぶつけていました。しばらくして、その客が店を去り、店員の方も何事もなかったかのように働いていたのですが、何も関係の無い私の方はとても気分が悪くなっておりました。食べていたものも美味しく感じず、その店を出て自宅に帰った後も、何も手につかない状態になってしまいました。この間、店員の方は辛さを感じてないだろうか、もし私が店員だったら、どうなってしまっただろうか、などという考えがずっと私の中を引っ掻き回しました。もちろんクレームをする側にも理由があることは承知していますが、そのような場面にであってしまうたびに、自分の心の自由が奪われてしまうような感覚になることに辛さを感じてしまうのです。このような、自分と無関係な他人の怒りにも反応してしまうことを防ぐ方法はあるのでしょうか。

A そういう人を「やさしい」という。わたしたちは何とも無関係なんてことはないし、驚くべきことに、ありとあらゆるものがわたしたちに関係しているし関係する。今遠くで工事をする音がしているのですが、わたしはこれを書きながら何度となく手が止まる。音が止まるのと同時に止まるのです。でもすぐまたはじまるから手も動き出す。わたしの何がどう反応してそうなっているのかわかりませんが、うまく書けたとしたらそれはあの工事がそうさせた。出来なかったら工事のせいだ。何の工事かも工事をしている人もさせている人もこれには関係がない。天気のように「工事」が関係している。防ぐ方法はないと思います。自分にとって良いか悪いかをその都度考えて、良ければ良かったたと喜び、悪ければその怒鳴り声のようにしばらく影響を受けるしかない。そのうち飽きる。うちの猫はスズメが鳴くのにいちいち耳を反応させていましたが今はもうピクリとも動かさない。動いたときはいつもとは違うときでそんなときはほとんどない。いずれ耳も耳の機能を低下させて、なんならまったく活動を止めて、聞きたくても聞こえなくなる。見えなくなる。感じられなくなるのかどうかはわたしはわかりませんが。それまでは「よい耳と反応のよい脳だ。わたしだ」と堪能してください。敏感な端末は地球の宝です。やさしい人間は知らないうちに（知らないうちにですから知ってしまうと話は変わる）誰かを何かをやさしくさせている。

いろいろなものをすくおうとして疲れませんか

Q――山下さんは、なんで人を人に限らず、
すくおうとなさるのですか？
私にはそんなふうに見えて、嬉しいことですけれど出会った人は
水をすくうように、流れていく流していく全部を
疲れたりしないのかなと思ったりします。
飲ませてあげるのか飲むのかわかりませんが、
ご自身の泉はどうなって居るのか、
荒野でも地下には水があると思いますが、
源泉掛け流しの温泉のように空と繫がって
回っているのでしょうか、ご本や演劇の世界が。
抽象的な質問で申し訳ありません。
文章も下手くそでごめんなさい。
新刊楽しみにしております。

A

あらためて思い返して思い出すとわたしはやはり、誰かわたし以外の人間に絶対的に相手にされなかったことがない。誤解をうむ書き方だけど、結局結果的にというか誰かが話を聞いてくれた。非常に書き方がむつかしい。というのも向こうは聞いてなんかいなかったかもしれないからです。しかしわたしの声は誰かの鼓膜に響いていた。物音と混じっていたとしても。だからわたしもそうします。ここの欄だと目玉にうつす、になるのか。その跳ね返りを言葉にする。最近わたしは「人生」という言葉？　その言葉の意味するもの？　を疑っていて、そんなものはない、と思っています。そんな外から眺めたようなものはない。そしてそれは常に渦中で何とも比べようがない。わたしじゃない人間に起きた「それ」とわたしの「これ」はほとんど似ているけれど少し違う、のその「違う」を、百年も経てば全部一緒くたにされてしまうけど、大事にしたい。そうじゃなきゃつまらない。かすかにでもいいから詰まらせたいじゃないですかせっかく生まれちゃったのだから。

◉本書は、フォロワー・知り合いから気軽に匿名メッセージ・質問を受信できるコミュニケーションサービス「Mond」に掲載された山下澄人の回答の中から85本を選び一部加筆修正をしたものです。

◉著者略歴

山下澄人

やました・すみと

一九六六年兵庫県生まれ。富良野塾二期生。
二〇一二年『緑のさる』(平凡社)で
第三四回野間文芸新人賞受賞。
二〇一七年『しんせかい』(新潮社)で
第一五六回芥川賞受賞。
著書に『砂漠ダンス』『コルバトントリ』
『君たちはしかし再び来い』ほか。

おれに聞くの？――異端文学者による人生相談

二〇二三年五月二十四日　初版第一刷発行

著者　山下澄人

発行者　下中美都

発行所　株式会社平凡社
〒一〇一-〇〇五一　東京都千代田区神田神保町三-二九
[電話]〇三-三二三〇-六五八一（編集）
〇三-三二三〇-六五七三（営業）
https://www.heibonsha.co.jp/

協力　株式会社ハウテレビジョン

印刷　株式会社東京印書館

製本　大口製本印刷株式会社

ISBN 978-4-582-83925-8